Avv. Leandro Grasso

L'INGANNO DELLE SEMPLIFICAZIONI

La dura realtà dell'Avvocato in un mondo di reel

www.avvocatoleandrograsso.com

INDICE

Capitolo 1: Il Diritto non è un Meme.
Capitolo 2: Un Avvocato Non è per Tutto
Capitolo 3: Perché un Avvocato Costa Così Tanto?
Capitolo 4: Contratti: Oltre i Modelli Predefiniti
Capitolo 5: Diritto di Famiglia.
Capitolo 6: Il contratto di convivenza.
Capitolo 7: Sentenze contrastanti e la complessità della Giustizia.
Capitolo 8: Il libero convincimento del giudice?
Capitolo 9: Perché diversi avvocati offrono soluzioni diverse?
Capitolo 10: Quando il Cuore e la Legge Si Scontrano
Capitolo 11: La Lentezza della Giustizia e la Percezione del Tempo per il Cliente.
Capitolo 12: Il Linguaggio Legale - Tra Complessità Necessaria e Semplificazione Pericolosa
Capitolo 13: La Sfida Contro i Clienti che Si Improvvisano Esperti Legali.
Capitolo 14: La Realtà Dietro le Quinte: Il Lavoro Invisibile dell'Avvocato.
Capitolo 15: La Consulenza Legale Personalizzata.
Capitolo 16: Come Navigare nell'Era delle Informazioni Digitali.

Capitolo 1: Il Diritto non è un Meme.

"Ho visto un avvocato su Instagram dire che..."
Quante volte ho sentito questa frase dai clienti negli ultimi anni? Innumerevoli. È ormai diventata un refrain comune, soprattutto da quando i social media sono entrati a far parte della nostra vita quotidiana, offrendo a chiunque uno spazio per condividere pensieri, consigli o, apparentemente, *pillole di saggezza legale*. Basta un minuto di video su TikTok o un post su Instagram per far sembrare semplice ciò che, in realtà, è complesso e stratificato: il diritto.

E non mi sorprende che per molti sia difficile distinguere tra ciò che è informativo, o pubblicitario e ciò che è fuorviante. In un'epoca dove l'attenzione si misura in secondi, i contenuti "rapidi" catturano facilmente l'interesse. Ma il problema è che il diritto, per sua natura, non può essere condensato in poche righe o in un breve video.

La realtà è che il diritto non è un meme. Non è una frase spiritosa, una massima semplificata o una ricetta pronta all'uso. È un insieme complesso di norme, interpretazioni, eccezioni, e contesti specifici che richiedono studio, analisi e applicazione personalizzata.

La legge muore nel momento in cui viene scritta, questo perché è impossibile sintetizzare la complessità dei rapporti sociali, dei fatti della vita, delle evoluzioni civiche e sociali, le quali sono sempre più rapide e improvvise, nonostante la reticenza della politica e la volontà per ragioni elettorali di restare legati a radici ormai morenti. In questo scenario, fatto di una politica banale e real quasi istantanei, il diritto, che è una scienza, viene sminuito e semplificato e questo crea uno scenario che sconvolge i clienti quando si trovano ad entrare nelle dinamiche giuridiche.

Il Fascino del Facile.
Partiamo da due massime: *"Non esiste solo il bianco e il nero"* e *"In guerra l'unico obiettivo della controparte è ostacolare i tuoi piani"*.

Viviamo in un'epoca di soluzioni veloci. Se vogliamo imparare a cucinare una pasta alla carbonara, cerchiamo un video di un minuto che ci spiega come farlo. Se abbiamo un problema tecnico con il nostro computer, troviamo un tutorial rapido su YouTube. E se abbiamo un dubbio legale... beh, molti pensano che sia lo stesso.

L'idea che una questione legale possa essere risolta in pochi clic o con un breve video è una tentazione a cui tanti cedono, perché rispecchia il bisogno di immediatezza. Non è colpa dei clienti, ovviamente. È naturale volere risposte veloci, soprattutto quando si è di fronte a situazioni che possono essere fonte di stress o preoccupazione, o spese. Ma è proprio qui che nasce l'equivoco.

Il diritto, per natura, non è una materia che si presta a semplificazioni. Ogni caso è diverso dall'altro, anche se all'apparenza può sembrare simile. Le leggi cambiano, vengono interpretate diversamente a seconda del contesto, e spesso due situazioni apparentemente identiche possono richiedere soluzioni completamente diverse, basta un minimo e all'apparenza insignificante dettaglio.

Ricordando che in una causa giudiziale, così come in una battaglia, l'unico obiettivo della controparte è contrastarci. Così come Napoleone diceva "On s'engage, et puis on voit", che si traduce in "Si comincia, e poi si vede". Una causa legale si studia, si prepara, si ristudia, ci si spendono ore e giorni, ma la certezza non esiste.

Quando il Diritto Diventa un Gioco.

Un recente video su TikTok che ho visto riassumeva una questione complessa di diritto del lavoro in pochi secondi, con tanto di musica di sottofondo e scritte colorate. Il messaggio era chiaro: "Ecco cosa devi fare se vieni licenziato ingiustamente". Le soluzioni offerte erano sbrigative, dirette, ma completamente scollegate dalla realtà giuridica o fattuale. L'autore del video non solo sorvolava su dettagli fondamentali, come i termini per impugnare il licenziamento o le differenze tra le innumerevoli cause di licenziamento, ma lasciava intendere che esistesse una formula magica per risolvere la questione.

Non fraintendermi, so bene che i social media sono un mezzo potente per raggiungere un ampio pubblico, e ci sono avvocati che fanno un lavoro eccezionale nel divulgare informazioni corrette, fornendo chiarimenti utili e precisi, anche se necessariamente veloci. Ma ciò che preoccupa è l'idea che si possa ridurre la complessità della legge o dei fatti umani e sociali a una serie di "trucchi", come se il diritto fosse un gioco da affrontare con una serie di mosse predeterminate.

La Realtà Dietro un Caso Legale.

Vorrei che i miei clienti, e chiunque si rivolga a un avvocato, comprendessero una cosa essenziale: il diritto è su misura.

Esattamente come un abito sartoriale, ogni consiglio legale deve essere cucito addosso alla persona e alla sua specifica situazione.

Quando un cliente si rivolge a me per una consulenza, la prima cosa che faccio è raccogliere informazioni. Devo conoscere i dettagli, il contesto, le circostanze. Nulla può essere lasciato al caso. Anche la più piccola sfumatura può fare la differenza tra un esito positivo e uno negativo.

Prendiamo, ad esempio, la tanto discussa questione dei contratti online. Sui social media si trovano moltissimi modelli di contratto "preconfezionati" che promettono di risolvere qualunque problema in modo semplice e veloce. Eppure, nella mia esperienza, raramente ho visto un contratto "standard" che funzionasse per tutti. Ogni contratto deve essere personalizzato in base alle necessità specifiche delle parti coinvolte, agli accordi raggiunti e, soprattutto, alle leggi applicabili. Usare un modello generico spesso significa trascurare aspetti cruciali che potrebbero portare a problemi legali in futuro. Per esempio se affitti una casa ammobiliata, cosa devi inserirci nel contratto? E se i mobili sono già vecchi e sul punto di rottura?

Perché il Diritto Non Può Essere Semplificato.

La verità è che il diritto non è fatto per essere semplificato. Il percorso di studi dura anni e anche questo non è abbastanza, perché se dopo gli studi non si intraprende una pratica formativa intensa e completa non si riuscirà comunque a gestire la complessità del diritto, della giurisprudenza e della procedura, tre entità distinte che devono essere maneggiate insieme. Ed infatti il percorso formativo deve continuare anche dopo la pratica, dopo essere diventato un avvocato, non ci si può mai fermare, perché il diritto è in continua evoluzione, perché il diritto insegue la società, si adegua ad essa, si adatta alle mutate circostanza anche in assenza della legge, e, così, spesso la spinge ad evolversi. Perché esistono così tante sentenze della Cassazione contrastanti? Perché due giudici all'apparenza simili giungono a conclusioni differenti? Ogni volta che mi trovo di fronte a una nuova sfida legale, devo considerare molti fattori: la giurisprudenza, le nuove normative, i regolamenti specifici e persino le peculiarità locali, così come le recenti evoluzioni sociali e comunitarie.

Certo, esistono situazioni in cui le risposte legali sono relativamente semplici, ma queste sono l'eccezione, non la regola. La maggior parte dei casi richiede un'analisi approfondita e una consulenza professionale basata su un'approfondita conoscenza del quadro giuridico.

Cinque separazioni praticamente uguali, marito, moglie e figli, casa di proprietà, hanno necessitato di cinque procedimenti completamente diversi. Basta un minimo dettaglio per rendere una fattispecie tipica, atipica. Ed invero le fattispecie tipiche si trovano solo sui libri di testo. Quanto studiato all'università è solo il fondamento di strutture complesse in costante evoluzione.

Capitolo 2: Un Avvocato Non è per Tutto.

Ci sono molti pregiudizi e fraintendimenti quando si parla della professione legale, e uno dei più comuni è l'idea che un avvocato possa essere esperto di tutto. È come pensare che un solo medico possa curare qualunque problema di salute, che si tratti di una malattia cardiaca, di un problema ortopedico o di una condizione dermatologica. Così come ci sono medici specialisti per ogni ambito della medicina, esistono avvocati specializzati in diverse aree del diritto.

Quante volte mi è capitato di sentire frasi come: "Ma lei non può aiutarmi con questa multa? Alla fine è tutto diritto, no?". La realtà è che no, non è "tutto diritto" nello stesso modo. Ogni ramo del diritto è complesso e richiede conoscenze specifiche, aggiornamenti continui e pratica quotidiana per essere affrontato con competenza.

Un avvocato che eccelle nel diritto civile potrebbe non avere esperienza nel diritto penale, e viceversa. Questa distinzione, che a molti può sembrare superflua o poco rilevante, è in realtà cruciale per la buona riuscita di una consulenza o di un contenzioso. In questo capitolo, vedremo perché la scelta dell'avvocato giusto è determinante per il tuo successo legale.

Specializzazione: La Chiave per il Successo

Oggi, il mondo legale è incredibilmente frammentato. A parte la classica distinzione tra civilista e penalista, ci sono nel campo civile avvocati specializzati in contratti, in immobili, in tributario, diritto amministrativo, diritto bancario, diritto commerciale, diritto di famiglia. Ogni specializzazione ha le sue regole, le sue procedure, e richiede un set di competenze unico.

Prendiamo il diritto civile, ad esempio. Un avvocato che si occupa di controversie tra privati, come cause di risarcimento danni o controversie contrattuali, deve avere una conoscenza approfondita delle norme che regolano i rapporti tra persone e imprese. Deve saper interpretare i contratti, comprendere le dinamiche delle obbligazioni e dei diritti di credito, e saper rappresentare i clienti in giudizio. Tuttavia, lo stesso avvocato potrebbe non essere altrettanto preparato ad affrontare una causa, sempre civile, ma inerente a tributi, dove le regole procedurali, le dinamiche della difesa e persino il linguaggio utilizzato sono completamente diversi.

Allo stesso modo, un avvocato che si occupa di diritto penale sarà esperto nell'affrontare questioni legate a reati, indagini preliminari, e processi penali, ma potrebbe non avere dimestichezza con le complessità del diritto amministrativo, dove si trattano questioni come concessioni edilizie, appalti pubblici o permessi di costruzione.

Il Falso Mito dell'Avvocato "Tuttofare"
Molte persone, forse ispirate da film o serie TV, tendono a vedere l'avvocato come una figura "universale", in grado di risolvere qualunque tipo di problema legale. Questa visione, purtroppo, è lontana dalla realtà. Un avvocato non è un tuttofare che può passare con disinvoltura da una causa di divorzio a un caso di corruzione penale o a una controversia con il fisco.

Nella mia esperienza, ho visto clienti che si sono rivolti al primo avvocato che hanno trovato senza chiedere quale fosse la sua specializzazione. Solo dopo aver affrontato complicazioni e ritardi nel procedimento, si sono resi conto che l'avvocato scelto non era la persona giusta per quel tipo di controversia. E non è che quell'avvocato non fosse competente: semplicemente, non era la persona adatta per quel particolare problema.

Immagina di avere un problema cardiaco e di andare da un dermatologo. Anche se è un medico preparato e competente nel suo campo, non sarà in grado di offrirti la cura di cui hai bisogno. Lo stesso vale per gli avvocati. Ogni branca del diritto ha le sue regole, le sue procedure, e richiede una preparazione specifica.

La Differenza tra Consulenza Legale e Difesa in Giudizio
Un altro aspetto importante da considerare è la differenza tra chi offre consulenza legale e chi si occupa di difesa in giudizio. Ci sono avvocati che si specializzano nel fornire consulenza preventiva, aiutando i clienti a evitare problemi legali prima che si presentino, e altri che sono più esperti nella rappresentanza dei clienti in tribunale.

Per esempio, un avvocato specializzato in diritto amministrativo potrebbe essere esperto nel fornire consulenze su permessi e licenze, ma non essere altrettanto bravo nel difenderti in un contenzioso. La difesa in giudizio richiede una diversa gamma di competenze, inclusa la capacità di costruire una strategia processuale e di sostenere con fermezza la posizione del cliente di fronte al giudice.

Il Caso della Multa: Un Esempio Concreto

Uno degli esempi più classici che spesso viene sottovalutato riguarda le multe stradali. Molti pensano che ogni avvocato sia in grado di annullare una multa con qualche trucco legale trovato su Internet. In realtà, la difesa contro una multa richiede una conoscenza specifica del diritto amministrativo e, in alcuni casi, anche del diritto tributario, se la multa comporta questioni fiscali. Ci sono avvocati che hanno costruito la loro carriera proprio specializzandosi in questo ambito, e sono in grado di identificare irregolarità nei verbali, errori procedurali o aspetti tecnici che un avvocato generico potrebbe non notare.

Lo stesso vale per le questioni legate al diritto del lavoro. Se hai una controversia con il tuo datore di lavoro, non è saggio rivolgersi a un avvocato specializzato in diritto societario, perché le dinamiche e le leggi che regolano i rapporti di lavoro sono completamente diverse.

Come Scegliere l'Avvocato Giusto per Te

Quindi, come scegliere l'avvocato giusto? La prima cosa che consiglio sempre è di chiedere specificatamente quale sia l'area di competenza dell'avvocato. Non esitare a fare domande dettagliate. Un professionista serio e preparato non avrà alcun problema a spiegarti quali sono i suoi ambiti di specializzazione e, se non fosse la persona adatta per il tuo caso, dovrebbe avere l'onestà di indirizzarti verso un collega che ha esperienza in quel settore.

Un avvocato esperto sa quanto è importante la specializzazione e non cercherà di prendere incarichi per i quali non è preparato. La mia raccomandazione è di fare le stesse domande che faresti a un medico: "Qual è la sua specializzazione?", "Ha mai trattato casi simili al mio?", "Come intende affrontare il mio caso?".

Conclusione

Un avvocato non è per sempre, e non è un tuttologo. Trovare il professionista giusto per il tuo caso è fondamentale per garantirti la miglior difesa o consulenza possibile. Non affidarti all'idea che qualunque avvocato possa risolvere qualunque problema legale: il diritto è troppo complesso esteso e articolato per questo. Proprio come farebbe un chirurgo specializzato in un campo specifico della medicina, anche gli avvocati devono essere scelti con cura, in base alla loro esperienza e competenza in una determinata area del diritto.

Capitolo 3: Perché un Avvocato Costa Così Tanto?

Una delle prime domande che molte persone si pongono quando decidono di rivolgersi a un avvocato riguarda il costo. "Perché devo pagare così tanto?" "Ma è solo una lettera, davvero ci vuole tutto questo?" Domande legittime, senza dubbio. E, da avvocato, so quanto può essere difficile spiegare ai clienti che la parcella non riguarda solo il tempo materiale speso, ma include molto di più: la competenza, la preparazione, il rischio e la responsabilità che l'avvocato assume nel trattare un caso, le spese per essere iscritto nell'albo, per avere uno studio, per usare la carta intestata, il tempo speso nell'imparare il mestiere.

In questo capitolo, voglio rispondere a una domanda che molti non osano fare apertamente, ma che si pongono in silenzio: perché i servizi legali costano tanto?

Il Valore della Competenza

La prima cosa da capire è che, quando si paga un avvocato, non si sta comprando solo il suo tempo, ma anche – e soprattutto – la sua competenza. Gli anni di studio, la formazione continua, l'esperienza accumulata attraverso la gestione di casi simili al tuo: tutto questo ha un valore. Un avvocato non è un tecnico che esegue semplicemente un lavoro meccanico. Ogni caso richiede un approccio unico, una strategia personalizzata e, molto spesso, una conoscenza approfondita di un'area del diritto.

Questa competenza viene acquisita nel corso degli anni e si riflette nella capacità dell'avvocato di gestire situazioni complesse, anticipare problemi, evitare errori che potrebbero risultare costosi o irreparabili. Ed è proprio qui che si crea una delle principali incomprensioni tra avvocato e cliente: ciò che per un cliente può sembrare "semplice" o "automatico" è in realtà il frutto di un lavoro analitico e di un'esperienza consolidata nel tempo.

Il Tempo Invisibile

Uno degli errori più comuni che molte persone fanno è sottovalutare il tempo che un avvocato dedica a un caso fuori dal suo ufficio o dalle aule di tribunale. Quando chiedi una consulenza o avvii una causa, l'avvocato non si limita a trascorrere qualche minuto a parlare con te o a presentarsi in tribunale. Dietro ogni consiglio, dietro ogni atto depositato, c'è un'attività spesso invisibile fatta di:

- Ricerca giurisprudenziale: Ogni caso deve essere supportato da norme, precedenti e interpretazioni giuridiche che richiedono ore di studio e analisi.
- Analisi del caso: Ogni dettaglio può fare la differenza. Spesso occorre rivedere documenti, ascoltare testimonianze o verificare circostanze che richiedono molto più tempo di quanto il cliente possa immaginare.
- Redazione di atti legali: Scrivere un atto legale non è solo una questione di compilare un modulo. Richiede precisione, chiarezza e la capacità di costruire argomentazioni giuridiche convincenti.
- Gestione dei rapporti: In molti casi, l'avvocato deve interagire con altre parti, come colleghi, giudici, consulenti tecnici, o addirittura con enti pubblici, e ognuna di queste interazioni richiede tempo e preparazione.

Tutto questo lavoro non viene sempre percepito dal cliente, che vede solo una parte del processo. Ma è proprio in questo tempo "invisibile" che si trova gran parte del valore aggiunto di un avvocato e del suo costo.

La Responsabilità e il Rischio

Un altro aspetto che spesso viene ignorato è la responsabilità che un avvocato assume quando prende in carico un caso. Ogni decisione, ogni consiglio, ogni azione che intraprende ha delle conseguenze legali, che possono incidere in modo significativo sulla vita del cliente. Gli avvocati operano sotto una costante pressione, sapendo che un errore potrebbe costare caro, non solo in termini economici, ma anche in termini di reputazione e, in alcuni casi, di vita o libertà personale per i clienti.

Quando un avvocato accetta un caso, sta mettendo in gioco la sua professionalità e il suo nome. Questo rischio deve essere ponderato e, naturalmente, ha un costo.

La Continuità della Formazione

Il diritto è in continua evoluzione, come detto. Le leggi cambiano, la giurisprudenza si aggiorna, nuove sentenze possono stravolgere precedenti orientamenti giuridici. Per questo motivo, un avvocato non smette mai di studiare e aggiornarsi. Ogni anno investiamo tempo e risorse nella formazione continua, partecipando a corsi, seminari e conferenze per essere sempre al passo con le novità normative.

Tutto questo richiede un investimento costante, sia in termini di tempo che di denaro. Un avvocato che non si aggiorna è un avvocato che rischia di dare consigli sbagliati o inefficaci.

Quando paghi un avvocato, stai anche pagando per questa continua preparazione, per il suo impegno a garantirti il miglior servizio possibile in un contesto legale in costante mutamento.

Le Strutture e le Risorse

Dietro ogni studio legale c'è una struttura organizzativa che consente all'avvocato di lavorare in modo efficace e di gestire al meglio ogni caso. Gli studi legali, soprattutto quelli di una certa dimensione, richiedono investimenti in tecnologie, banche dati legali, software di gestione dei casi e collaboratori. Tutto questo contribuisce al costo del servizio legale.

Senza contare le spese vive legate ai processi: costi di notifiche, contributi unificati, perizie tecniche e tanto altro. Spese che, inevitabilmente, finiscono per pesare sul conto finale che il cliente si trova a pagare.

La Personalizzazione del Servizio

Un altro aspetto importante è la personalizzazione del servizio legale. Ogni caso è unico, e ogni cliente ha esigenze particolari. Questo significa che un avvocato non può offrire soluzioni standardizzate o "preconfezionate". Ogni consulenza, ogni strategia processuale deve essere studiata su misura per le circostanze specifiche del caso. Questo livello di attenzione e di personalizzazione richiede tempo, impegno e, ovviamente, un costo adeguato.

Perché l'Avvocato è un Investimento

Alla fine, bisogna capire che un avvocato non è solo un costo, ma un investimento. La consulenza giusta, il contratto ben redatto, la difesa efficace in una causa possono fare la differenza tra un risultato positivo e uno disastroso. E a volte, ciò che sembra un costo elevato sul momento può, in realtà, farti risparmiare molto di più in futuro, evitandoti problemi legali ben più gravi.

Inoltre, da tener sempre in considerazione, il compenso dell'avvocato è stabilito dai parametri forensi previsti dal DM 55/2014, ed è da quei parametri che ogni parcella legale deve partire e gli avvocati nella contrattazione don il cliente sono obbligati a non discostarsi troppo da quelle cifre.

Capitolo 4: Contratti: Oltre i Modelli Predefiniti.

Dopo aver affrontato il tema dei costi legali, possiamo parlare di uno degli esempi più comuni di malinteso tra clienti e avvocati: la redazione dei contratti. Molte persone tendono a sottovalutare l'importanza di un contratto ben fatto, perché il mercato digitale offre una miriade di modelli predefiniti scaricabili a costo zero. Sembra un'opzione facile e veloce: trovi il modello, lo riempi con i dati e il gioco è fatto. Purtroppo, però, questa semplificazione nasconde rischi che possono rivelarsi molto costosi in seguito.

Un contratto non è una semplice formalità. È uno strumento legale, e come tale deve essere redatto con attenzione per proteggere gli interessi delle parti, risolvere ambiguità e prevenire futuri problemi legali. Proprio come un avvocato non è "per sempre" – perché la sua specializzazione cambia a seconda del tipo di questione – anche un contratto non è "universale". Ogni contratto deve essere adattato al contesto, alle persone coinvolte, e agli obiettivi specifici dell'accordo.

Il Mito del Contratto Predefinito

In rete esistono modelli di ogni tipo: contratti di affitto, di compravendita, di lavoro, e chi più ne ha più ne metta. Questi modelli possono sembrare soluzioni facili, ma la verità è che spesso mancano di elementi cruciali che devono essere personalizzati caso per caso. Non esiste un contratto "standard" che possa funzionare per tutti allo stesso modo. Le variabili legali e personali sono troppe per poter essere coperte da un singolo documento precompilato.

In un contratto predefinito, mancano quasi sempre le clausole specifiche che tutelano meglio i tuoi interessi. Inoltre, un contratto non deve solo rispondere alle esigenze immediate delle parti, ma deve anche prevedere possibili problematiche future. Gli avvocati esperti sanno che un contratto non è fatto solo per quando tutto va bene: è pensato soprattutto per gestire le situazioni in cui qualcosa va storto; soprattutto quando va tutto male.

La Personalizzazione È Tutto

Quando redigo un contratto per un cliente, non sto semplicemente compilando un modulo. Ogni clausola, ogni frase, ogni parola viene scelta con cura per garantire che il

contratto rispecchi appieno le volontà delle parti e che nessun dettaglio sia lasciato al caso. La personalizzazione di un contratto richiede la comprensione approfondita di alcuni aspetti fondamentali:
- Gli obiettivi delle parti: Cosa vogliono ottenere con il contratto? Quali sono i loro interessi primari? Cosa temono di più?
- Le relazioni tra le parti: Spesso le dinamiche tra le persone che stipulano un contratto influenzano il contenuto del documento. Se, ad esempio, si tratta di un contratto tra parenti, possono essere necessarie clausole specifiche per evitare conflitti in futuro; Es. le successioni ereditarie.
- Il contesto legale e normativo: Le normative cambiano in continuazione e un contratto che non tiene conto di questi aggiornamenti rischia di essere inefficace o, peggio, nullo. Solo un avvocato esperto può garantire che un contratto sia redatto in conformità alle leggi attuali.

I Dettagli Fanno la Differenza

Nel mondo del diritto, spesso sono i dettagli a fare la differenza. Un semplice errore di formulazione può trasformarsi in una falla legale che rende un contratto inapplicabile o addirittura dannoso. Prendiamo, per esempio, una clausola penale in un contratto di locazione. Se non viene scritta correttamente, potresti ritrovarti senza protezione nel caso in cui l'altra parte violi i suoi obblighi. Questo tipo di problema può essere facilmente evitato con un contratto personalizzato e redatto da un professionista.

E non si tratta solo di clausole specifiche. A volte è la formulazione di una singola frase che può determinare la vittoria o la sconfitta in una disputa legale, infatti in situazioni di conflitto è l'interpretazione della volontà delle parti a fare la differenza. Gli avvocati sanno che ogni parola ha un peso giuridico, e spesso dedicano tempo a rivedere più volte il testo per evitare ambiguità. Un contratto predefinito, invece, non può offrire lo stesso livello di garanzia, e la garanzia oggi è tutto.

La Prevenzione dei Conflitti

Uno degli obiettivi principali di un contratto ben redatto è prevenire i conflitti. Molti clienti pensano al contratto solo come un documento che regola i rapporti durante la fase iniziale di un accordo. Tuttavia, un buon contratto deve prevedere cosa succederà se le cose non andranno come previsto.

Cosa succede se una delle parti non rispetta i propri obblighi? Quali sono le conseguenze? Come si può risolvere il conflitto senza finire in tribunale? Un contratto redatto da un avvocato esperto tiene conto di queste domande e offre soluzioni già all'interno del testo, evitando di lasciare questi aspetti in sospeso o, peggio ancora, nelle mani di un giudice che potrebbe decidere a sfavore del cliente.

L'Importanza della Conoscenza Locale

Un altro punto che viene spesso ignorato è che il diritto non è uniforme in tutto il territorio nazionale. Le leggi possono avere rilevanza diversa tra una regione e l'altra, è assurdo, ma è così, così come le interpretazioni giuridiche dei tribunali, orientamenti differenti, mancanza di risorse, sono innumerevoli i fattori di differenziazione. Gli avvocati sanno come muoversi in questo contesto complesso e possono adattare il contratto alle specifiche normative locali. Un modello predefinito, al contrario, non tiene conto delle particolarità del luogo in cui ti trovi e potrebbe creare problemi legali proprio per questo motivo.

Risparmiare Ora o Pagare Dopo?

Molte persone pensano di risparmiare tempo e denaro utilizzando modelli predefiniti trovati su internet. Ma, come spesso accade, ciò che sembra un risparmio a breve termine può trasformarsi in un costo molto più alto in futuro. Un contratto mal redatto può generare cause legali, dispute e incertezze che ti costeranno molto di più rispetto a quanto avresti speso per farlo redigere da un professionista.

Affidarsi a un avvocato per la redazione di un contratto non è un costo, è un investimento. Si tratta di una protezione per il futuro, un modo per evitare rischi e garantire che i tuoi diritti siano tutelati. Non lasciare che un contratto predefinito online metta a rischio ciò che hai costruito.

Capitolo 5: Diritto di Famiglia.

Il diritto di famiglia è forse uno degli ambiti più delicati e complessi del sistema giuridico. Si occupa delle questioni che riguardano direttamente la vita quotidiana delle persone: relazioni coniugali, rapporti tra genitori e figli, successioni ereditarie. Temi come separazioni, divorzi, affidamenti e successioni richiedono una profonda sensibilità e attenzione, poiché toccano aspetti personali ed emotivi delle vite degli individui. Aspetti che molto spesso influenzano i processi, inevitabilmente l'emotività offusca la ragione e ciò che sulla carta può sembrare equo e giusto nella mente di alcuni è un ingiustizia o non ripaga abbastanza il sentimento che si prova e questo finisce per influenzare accordi che razionalmente possono sembrare perfetti. Questa caratteristica dell'emotività è tipica dei giudizi in materia di famiglia, dove spesso la vendetta più che il diritto è la spinta propulsiva dei giudizi e non tutti gli avvocati sono tanto bravi da tenere a freno l'emotività dei clienti, e non tutti gli avvocati sono così onesti da spiegare l'errore al proprio cliente.

La complessità di queste questioni viene spesso sottovalutata o banalizzata, soprattutto nell'era dei social media, dove è facile imbattersi in consigli generici che non tengono conto delle sfumature legali e personali di ogni caso. Molti clienti arrivano con l'idea che "separazione" e "divorzio" siano la stessa cosa, o che l'affidamento dei figli sia una questione semplice e risolvibile con poche frasi.

Separazione e Divorzio: Due Fasi Distinte

Uno degli errori più comuni tra chi si approccia per la prima volta al diritto di famiglia è confondere separazione e divorzio. In Italia, i due termini indicano fasi distinte di un processo di rottura del vincolo matrimoniale.

- La separazione non mette fine al matrimonio in senso stretto, ma sospende alcuni degli effetti legali. Durante la separazione, i coniugi vivono separati e cessano alcuni obblighi reciproci, come quello di convivenza, ma restano sposati agli occhi della legge. Esistono due tipi di separazione: consensuale, quando entrambi i coniugi concordano sui termini della separazione (affidamento dei figli, suddivisione del patrimonio, ecc.), e giudiziale, quando non vi è accordo e interviene il giudice per stabilire le condizioni.

- Il divorzio (in Italia chiamato più precisamente scioglimento o cessazione degli effetti civili del matrimonio) è invece l'atto legale che mette definitivamente fine al matrimonio. Una volta divorziati, i coniugi tornano ad essere liberi di risposarsi e i legami patrimoniali e personali vengono sciolti. Il percorso verso il divorzio, però, non può iniziare subito: è necessario attendere un periodo di separazione legale di almeno sei mesi, se consensuale, o un anno, se giudiziale.

Questa distinzione, fondamentale dal punto di vista giuridico, viene spesso ignorata. Molti si aspettano che la separazione sia l'atto finale, non comprendendo che si tratta di una tappa verso il divorzio vero e proprio. È anche qui che entra in gioco l'importanza di una consulenza legale accurata: ogni caso ha le sue peculiarità, e quello che vale per una coppia potrebbe non essere applicabile a un'altra.

Una delle cose che negli ultimi anni mi è stata detta più spesso dai clienti è stata *"Avvocato voglio fare separazione e divorzio insieme ho visto su instagram che si può fare"* vero, si possono richiedere insieme, ma non si possono ottenere insieme. Sono due domande distinte poste nello stesso procedimento, solo in caso di consensuale e solo dopo aver ottenuto la separazione si potrà procedere nel richiedere il divorzio anche se nel medesimo procedimento.

L'Affidamento dei Figli: Un Equilibrio Delicato

Uno degli aspetti più emotivamente complessi nel diritto di famiglia è la questione dell'affidamento dei figli. Quando i genitori si separano o divorziano, l'interesse dei figli deve essere sempre posto al primo posto. Il legislatore italiano ha introdotto l'affidamento condiviso come regola generale, con l'obiettivo di garantire ai minori il diritto a mantenere rapporti equilibrati con entrambi i genitori; il diritto alla bi-genitorialità.

Tuttavia, parlare di affidamento condiviso come una "regola semplice" rischia di ridurre una questione molto complessa a un concetto troppo generico. Ogni famiglia ha una dinamica unica, e le soluzioni devono essere studiate caso per caso. Anche nel contesto dell'affidamento condiviso, i giudici possono stabilire tempi e modalità di visita molto diverse, in base alla situazione concreta.

In alcuni casi, infatti, l'affidamento esclusivo a uno dei genitori può essere ritenuto la soluzione migliore per il minore, soprattutto in presenza di situazioni di violenza domestica, abuso o trascuratezza. Inoltre, questioni come l'assegno di mantenimento per i figli, la divisione delle spese straordinarie (mediche, scolastiche, ecc.), o la gestione del tempo durante le festività possono generare forti tensioni e richiedono soluzioni personalizzate.

La questione sull'affidamento e della collocazione del minore in Italia è ancora guidata da una concezione patriarcale della famiglia che vede la donna come unica figura capace di poter crescere ed educare il minore, con sacrifici economici e professionali non indifferenti, ma di cui sembra non importare molto nel discorso della parità di generi.

La Banalizzazione dei Consigli Generici

Uno degli aspetti più frustranti per un avvocato che lavora nel diritto di famiglia è il fenomeno della banalizzazione delle soluzioni legali. Molti si affidano a consigli trovati su internet o ascoltati da amici e conoscenti, senza comprendere che le questioni familiari non possono essere trattate con "ricette universali".

Non esiste un diritto certo all'assegno di mantenimento.

Non esiste un diritto certo all'assegnazione della casa familiare.

Non esiste certezza nella divisione delle spese straordinarie, una delle questioni più ricche e complesse che si dividono in necessarie e non necessarie, in spese che necessitano del previo consenso delle parti e spese urgenti.

Consigli del tipo "fai così e risolverai tutto" possono sembrare utili in apparenza, ma spesso ignorano le variabili uniche di ogni caso. Per esempio:

Un consiglio generico potrebbe suggerire che l'affidamento condiviso sia sempre la soluzione migliore, ma in alcune circostanze non lo è.

Si potrebbe pensare che una separazione consensuale sia la via più rapida e indolore, ma ciò dipende dal grado di collaborazione tra i coniugi.

Le questioni patrimoniali in una separazione o un divorzio possono diventare estremamente complicate, soprattutto quando ci sono beni immobili, aziende o conti correnti condivisi, e le soluzioni "standard" trovate online raramente sono adeguate. Inoltre bisogna considerare gli aumenti ISTAT che negli ultimi anni hanno toccato cifre record e che negli anni tendono solo ad aumentare e mai a diminuire, ma questo aumento riguarda solo l'assegno e quasi mai lo stipendio base da cui si parte.

Le Successioni: Molto Più di un Testamento

Un'altra area del diritto di famiglia che spesso viene semplificata è quella delle successioni. Molti pensano che scrivere un testamento sia una questione semplice: basta indicare a chi va la casa, i risparmi e gli oggetti personali. Tuttavia, anche qui le complessità giuridiche possono essere enormi, specialmente quando ci sono più eredi o beni significativi in gioco.

La legge italiana prevede un sistema di successione legittima, che stabilisce delle quote obbligatorie per gli eredi legittimi (coniugi, figli, genitori, ecc.). Questo significa che, anche se una persona desidera lasciare tutti i suoi beni a un solo figlio, non sempre è possibile senza violare i diritti degli altri eredi. Il testamento, inoltre, deve essere redatto e conservato correttamente per essere valido, e non può includere disposizioni contrarie alla legge.

Anche le questioni di successione internazionale, nel caso in cui un'eredità coinvolga beni o eredi all'estero, richiedono una consulenza legale approfondita per evitare complicazioni. È facile capire come consigli generici in questa materia possano portare a errori costosi e difficili da risolvere.

Anche far valere semplicemente la legittima non è un procedimento semplice. Mettiamo un caso standard, i genitori muoiono e lasciano come eredi tre fratelli, due di questi hanno avuto in vita ingenti donazioni, mentre il terzo si è ritrovato solo a dividere un esiguo patrimonio nell'atto della successione. Ebbene, per far valere il proprio diritto alla legittima bisogna ricostruire la storia patrimoniale dei genitori, bisogna provare le donazioni, e bisogna dimostrare che di donazioni si tratta, bisogna poi calcolare l'intero asse ereditario, tra il patrimonio relitto, le donazioni, i debiti, la disponibile e tanto altro, e solo dopo complessi calcoli e dimostrazioni documentali e matematiche si potrà procedere col richiedere la riduzione delle donazioni; sempre se può avanzarsi l'azione di riduzione, perché la procedura in materia di successioni è ricca di tranelli e insidie.

Il diritto di famiglia è una materia complessa e intrinsecamente delicata. Separazioni, divorzi, affidamenti e successioni non possono essere ridotti a soluzioni semplicistiche trovate su internet o sentite da un amico. Ogni caso presenta variabili uniche che richiedono un'analisi attenta e un approccio personalizzato con ore di studio della questione. Affidarsi a un avvocato esperto non è solo consigliabile: è essenziale per garantire che i tuoi diritti e i tuoi interessi, così come quelli della tua famiglia, siano adeguatamente tutelati.

Capitolo 6: Il contratto di convivenza.

Nell'era dei social media, in cui tutto sembra ridotto a un'immagine o a un breve video, la vita reale si mescola a una narrazione idealizzata e spesso fuorviante. Tra le varie tematiche che vengono rappresentate, quella delle coppie di fatto si distingue per la sua apparente semplicità. I reel su Instagram presentano immagini idilliache di relazioni felici e contratti di convivenza che promettono stabilità e diritti paragonabili a quelli del matrimonio. Tuttavia, la realtà legale in Italia è ben più complessa e stratificata, soprattutto quando si tratta di coppie in cui uno dei partner è un cittadino extracomunitario. Una realtà sempre più comune in un mondo sempre più piccolo, dove giovani coppie si formano all'estero, per lavoro, per viaggi di piacere, per conoscenze nate su internet, ma che in Italia non trovano riconoscimento.

Il Riconoscimento delle Coppie di Fatto

In Italia, la legge riconosce ufficialmente le coppie di fatto e conferisce loro una serie di diritti e doveri, in gran parte simili a quelli del matrimonio. Questo riconoscimento è stato un passo avanti significativo per la tutela dei diritti delle coppie, ma il sistema legale è ancora pieno di insidie. Infatti, il riconoscimento legale non garantisce automaticamente un accesso senza ostacoli a diritti fondamentali, in particolare per coloro che non sono cittadini dell'Unione Europea. Infatti queste garanzie di derivazione comunitaria in Italia sono state inserite con innumerevoli lacune, spesso legate all'ideologia dei partiti al governo, oppure alla radicalizzazione di una religione ancora legata ad antichi retaggi.

Il Dilemma dell'Extracomunitario

Quando uno dei partner è un cittadino extracomunitario, la situazione si complica ulteriormente. Mentre il partner italiano può avere diritto a una serie di benefici e riconoscimenti, l'extracomunitario si trova spesso di fronte a un labirinto burocratico. La registrazione di un contratto di convivenza non comporta automaticamente il rilascio di un permesso di soggiorno, né la registrazione anagrafica e neppure l'annotazione all'anagrafe del contratto di convivenza. Infatti, il cittadino extracomunitario deve dimostrare di avere un permesso di soggiorno valido, un requisito che molte volte non può essere soddisfatto senza prima stabilire una relazione di matrimonio. Un impasse burocratico di pura follia.

In sostanza, lo Stato italiano sembra costringere le coppie a sposarsi per ottenere i diritti che deriverebbero da un contratto di convivenza. Questo non solo limita la libertà di scelta delle coppie, ma crea anche una disparità ingiusta. Mentre i reel su Instagram dipingono un quadro di libertà e autodeterminazione, la verità è che molte coppie si trovano a dover combattere contro la burocrazia, il Comune e il Ministero degli Interni per ottenere ciò che dovrebbe essere un diritto naturale.

Le coppie di fatto che si trovano in questa situazione spesso devono affrontare un lungo e frustrante processo legale. La presentazione di domande per la registrazione anagrafica o per un contratto di convivenza può facilmente diventare un'odissea burocratica e giudiziaria. Ogni volta che un Comune rigetta una domanda, la coppia si ritrova costretta a fare ricorso, intraprendendo un percorso tortuoso per cercare di ottenere un riconoscimento ufficiale.

Questa battaglia legale, costosa e complessa, non solo mette a dura prova i legami affettivi, ma solleva anche interrogativi profondi sui valori fondamentali di equità e giustizia. È giusto che una coppia debba affrontare una tale ostilità per il semplice fatto di non conformarsi a una visione tradizionale delle relazioni? La legge dovrebbe proteggere, non ostacolare, le scelte individuali.

In un contesto in cui i reel su Instagram, video e brevi articoli possono suggerire che tutto sia semplice e immediato, la realtà legale per le coppie di fatto, specialmente quelle con partner extracomunitari, è ben più complessa. La libertà di scelta, l'autodeterminazione e i diritti civili dovrebbero essere alla base di ogni relazione, ma il sistema legale italiano attuale sembra richiedere un sacrificio che non tutte le coppie possono affrontare. La battaglia legale che si affronta per il riconoscimento della coppia di fatto e, quindi, della formazione sociale è legata non solo a direttive e norme europee, ma anche a complesse interpretazioni della legge italiana, ci sono moltissimi precedenti analoghi, ma ci sono anche molti precedenti contrari, ricordiamo che non tutti i giudici giungono alla medesima conclusione. Ci sono quelli che rispettano le direttive comunitarie e riconoscono la lacuna nella legge italiana, ci sono, però, anche quelli più legati ad una interpretazione rigida della legge o che non conoscono bene la materia. Molte delle sentenze contrarie, inoltre, attengono ad un procedimento amministrativo errato o ad errate valutazioni.

Questa disparità tra la realtà e la narrazione social non deve passare inosservata. È fondamentale che i diritti delle coppie di fatto siano tutelati e che il sistema legale si evolva per riflettere la diversità delle relazioni moderne. La strada verso l'uguaglianza è lunga e tortuosa, ma con consapevolezza e determinazione, si può lavorare per costruire un futuro in cui l'amore non conosca confini.

Capitolo 7: Sentenze contrastanti e la complessità della Giustizia.

"La legge è uguale per tutti" è un principio che troviamo scritto nelle aule di giustizia e che rappresenta una delle fondamenta dello Stato di diritto. Forse è meglio dire che la legge funziona in modo uguale per tutti, ma anche questo assunto ha le sue lacune, basti pensare al numero di politici che sono stati indagati e poi condannati e al numero di politici che poi materialmente hanno conosciuto la prigione. Chiunque si sia avvicinato al mondo legale, anche solo superficialmente, si rende conto che, nella pratica, la giustizia non sempre appare uguale per tutti. Questo non è solo legato alla questione economica che comunque è influente, infatti per avviare una causa legale, per lo studio, per reperire i documenti necessari, servono soldi, serve un investimento iniziale e non tutti possono avere accesso al gratuito patrocinio e non tutti gli avvocati fanno gratuito patrocinio, soprattutto per il funzionamento dello stesso in Italia. Tuttavia una delle prove più evidenti di questa complessità e della evidenza che la legge non è uguale per tutti risiede nelle sentenze contrastanti della Corte di Cassazione, l'organo di vertice del sistema giudiziario italiano.

Il diritto non è una certezza, ha una natura interpretativa. Una delle ragioni principali per cui esistono sentenze contrastanti in Cassazione risiede nella natura interpretativa del diritto. Le leggi non sono mai completamente chiare e definitive; sono scritte in linguaggio umano, che è per sua natura ambiguo e suscettibile a interpretazioni diverse. I giudici hanno il compito di applicare queste leggi a casi concreti, che spesso presentano circostanze uniche e sfumature particolari. Ogni giudice, nel suo percorso decisionale, è influenzato da precedenti giuridici, principi di equità, valori sociali, e dalla propria formazione e sensibilità giuridica, dalla propria formazione e sensibilità personale; i giudici sono esseri umani.

La discrezionalità giudiziale è una componente essenziale del lavoro di un giudice. I giudici non sono robot che applicano regole fisse e immutabili; sono esseri umani chiamati a valutare la complessità di ogni caso che si presenta davanti a loro. Quando la legge lascia spazi di interpretazione, è compito del giudice prendere decisioni che rispettino sia la lettera che lo spirito della norma. Questa discrezionalità è inevitabile e spesso desiderabile, poiché permette di adattare le norme giuridiche ai cambiamenti sociali e alle circostanze specifiche di ciascun caso.

Tuttavia, proprio questa discrezionalità può portare a decisioni diverse su casi simili. Giudici diversi possono arrivare a conclusioni differenti perché interpretano una legge in modo leggermente diverso o attribuiscono pesi differenti a fatti e prove. Questo non significa che uno sia necessariamente giusto e l'altro sbagliato, ma che la natura del diritto è complessa e soggetta a molteplici chiavi di lettura. In uno stesso tribunale, allo stesso piano, alla stessa sezione, un giudice può arrivare ad una decisione e uno ad un'altra completamente differente. Dipende non solo dalla natura umana dei giudici, dall'interpretazione della legge, ma anche dalla chiave di lettura del caso data dall'avvocato, la quale, inoltre, può adattarsi ad un caso, ma non ad un altro, basta un minimo dettaglio per costringere l'avvocato a cambiare la lettura del caso e della legge.

Un altro fattore che contribuisce alla complessità della giustizia è l'evoluzione della giurisprudenza. La giurisprudenza si evolve nel tempo, influenzata da nuove interpretazioni e dall'evoluzione della società. La Corte di Cassazione stessa può cambiare orientamento su una certa questione giuridica, e ciò è parte del processo di adattamento del diritto ai mutamenti sociali e culturali. In altre parole, ciò che era considerato giusto in passato potrebbe non esserlo più oggi, e nuove interpretazioni possono emergere in risposta a nuove problematiche.

Questa evoluzione, se da un lato permette al diritto di adattarsi, dall'altro può generare incertezza nei cittadini e negli operatori del diritto. La presenza di orientamenti contrastanti è spesso segno di un diritto in evoluzione, che cerca di trovare un equilibrio tra tradizione e innovazione.

Una giustizia uniforme è un'illusione?

Si!

L'idea che la giustizia possa essere totalmente uniforme è, in realtà, un'illusione. Anche se la legge è teoricamente uguale per tutti, la sua applicazione non può essere perfettamente uniforme a causa delle infinite variazioni che i casi reali presentano. La realtà della giustizia è che ogni caso è unico e porta con sé una serie di circostanze specifiche che influenzano la decisione finale.

Se leggiamo una massima della giurisprudenza, che di solito sono quelle sulle quali si basano le storie su instagram o i reel capiamo una data cosa, ma si può applicare a tutte le questioni simili? Non è detto, si necessita di leggere l'intera sentenza per capire il percorso logico seguito dai giudici.

Questo non significa che il sistema sia ingiusto, ma che è progettato per essere flessibile, mutabile, adattabile. La flessibilità, pur generando a volte apparente incoerenza, è anche ciò che permette di risolvere i casi in modo equo, tenendo conto delle particolarità di ogni situazione.

La legge è uno strumento imperfetto. Alla fine, la legge è uno strumento umano, e come tutti gli strumenti umani, è soggetta a imperfezioni e limiti. Le leggi sono il risultato di un compromesso tra valori, interessi e punti di vista diversi, che riflettono la complessità della società stessa. Per questo motivo, aspettarsi una certezza assoluta nel diritto è irrealistico.

La complessità della legge e la variabilità delle decisioni giudiziarie non devono però essere viste come un difetto del sistema, ma piuttosto come un riflesso della sua capacità di adattarsi e di rispondere alle sfide del mondo reale.

Comprendere la complessità del sistema giudiziario e il motivo per cui la Cassazione può emettere sentenze contrastanti ci aiuta a vedere oltre il semplice slogan "la legge è uguale per tutti". La giustizia non è una scienza esatta e il diritto non è una certezza matematica. È un campo aperto, ricco di sfumature e interpretazioni, che evolve insieme alla società. Piuttosto che scoraggiarci, questa consapevolezza dovrebbe invitarci a riflettere sulla necessità di un sistema giuridico flessibile, capace di interpretare la legge alla luce delle esigenze di una realtà sempre più complessa, ma soprattutto ci dovrebbe spingere ad un approccio con la legge di tipo scientifico e non semplicistico.

Capitolo 8: Il libero convincimento del giudice?

Quando si parla di giustizia, ci troviamo spesso di fronte a frasi come "la legge è uguale per tutti" o "esiste un diritto che vale per tutti". Queste affermazioni, per quanto idealistiche, rischiano di semplificare eccessivamente la realtà del sistema giuridico, nascondendo la sua complessità e le molteplici sfumature che caratterizzano il lavoro dei giudici e degli avvocati; come detto nel capitolo precedente. Nel capitolo precedente si è parlato della bravura dell'avocato di adattare la legge al caso specifico, o il caso specifico alla legge, questo perché esiste un principio, il principio del libero convincimento del giudice.

Cos'è il libero convincimento del giudice?

Il libero convincimento significa che il giudice ha il potere di formare la propria convinzione in modo autonomo, considerando tutte le prove, le testimonianze, i documenti e gli argomenti presentati durante il processo. I criteri che stabiliscono come le prove debbano essere valutate non sono univoci per tutte le prove, come per esempio per le prove testimoniali uno dei grandi problemi del processo in Italia, e quindi il giudice, su determinate prove, può decidere quale peso attribuire a ciascun elemento in base alla sua analisi critica e personale, con la garanzia della motivazione. Cioè il giudice deve motivare e spiegare il percorso logico seguito.

Anche se il giudice ha una discrezionalità ampia, essa non è illimitata. Il libero convincimento deve sempre essere fondato sulla ragionevolezza, la logica e la coerenza giuridica. In altre parole, il giudice deve motivare le sue decisioni in maniera chiara e dettagliata, spiegando come ha valutato le prove e quali criteri ha utilizzato per arrivare alla sentenza. Questa motivazione serve anche a garantire che le decisioni siano trasparenti e soggette a controllo da parte delle Corti d'appello o di Cassazione.

Il libero convincimento è fondamentale perché permette al giudice di adattare la sua decisione alle particolarità del singolo caso. Ogni situazione giuridica è unica e presenta circostanze diverse, e questo principio evita che il giudice debba applicare le norme in modo meccanico o automatico. In questo modo, la giustizia diventa più flessibile e capace di rispondere alle esigenze concrete delle parti coinvolte.

Il principio del libero convincimento si applica sia nel processo penale che in quello civile, ma con alcune differenze:

- Nel processo penale, il giudice deve attenersi al principio del "oltre ogni ragionevole dubbio". Significa che il libero convincimento deve essere tale da non lasciare dubbi ragionevoli sulla colpevolezza dell'imputato. Questo standard è molto rigoroso perché il rischio di condannare un innocente deve essere ridotto al minimo.
- Nel processo civile, il giudice può adottare un criterio meno stringente, spesso valutando quale delle parti ha presentato prove più convincenti, anche se non è richiesto lo stesso livello di certezza assoluta.

Nonostante i suoi vantaggi, il libero convincimento del giudice è anche oggetto di critiche. Alcuni sostengono che questo principio possa portare a una certa disparità di trattamento tra casi simili, a causa delle differenze di interpretazione da parte dei giudici. Le diverse sensibilità personali e la formazione giuridica possono influire sulla decisione, e questo può dare l'impressione che la giustizia non sia sempre uguale per tutti.

Inoltre, la discrezionalità del giudice può a volte dare adito a dubbi sulla imparzialità e sulla coerenza del sistema giudiziario, soprattutto quando emergono decisioni contrastanti in casi analoghi. Tuttavia, il controllo delle sentenze attraverso i gradi di giudizio (Appello e Cassazione) serve proprio a garantire che il libero convincimento non diventi arbitrario o ingiusto.

Il libero convincimento del giudice è un principio cardine della giustizia italiana, che garantisce che le decisioni siano prese con flessibilità e ragionevolezza, adattandosi alle circostanze specifiche di ogni caso. Tuttavia, questo stesso principio rende anche evidente la complessità e la difficoltà del processo giudiziario, che non può mai essere ridotto a una semplice applicazione meccanica delle leggi. Il libero convincimento è una componente essenziale per garantire una giustizia equilibrata, ma richiede anche giudici preparati, onesti e capaci di motivare in modo trasparente le loro decisioni, ma soprattutto capaci di tenere le proprie idiosincrasie lontane dalle proprie decisioni; cosa quasi impossibile.

Ma se il processo si basa sul libero convincimento del giudice, a cosa serve la legge? E i precedenti giuridici? E qual è il ruolo dell'avvocato in questo schema così complesso?

La legge rappresenta la base e il punto di riferimento per ogni decisione giudiziaria. Anche se il giudice ha la libertà di interpretare la legge secondo il proprio convincimento, questa interpretazione non può essere arbitraria: deve sempre essere fondata sulla normativa vigente e sui principi generali del diritto. La legge stabilisce i criteri e i limiti entro cui il giudice può esercitare la propria discrezionalità, fungendo da quadro di riferimento che dà coerenza e stabilità al sistema giuridico. Il libero convincimento non significa che il giudice possa fare ciò che vuole, ma che può adattare la legge alle specifiche circostanze del caso, purché questa decisione sia razionale e motivata in modo convincente. La legge rimane quindi fondamentale per evitare l'arbitrarietà e per garantire che esista una base comune su cui si fondano le decisioni. Una base comune, non una comune applicazione.

I precedenti giuridici, ovvero le decisioni prese in casi simili, svolgono un ruolo importante nel sistema giuridico italiano, anche se non sono vincolanti come in altri ordinamenti (come quello anglosassone). I giudici italiani considerano spesso i precedenti per garantire una certa coerenza nelle decisioni, evitando di allontanarsi troppo dagli orientamenti consolidati.

Tuttavia, il libero convincimento consente al giudice di discostarsi dai precedenti se ritiene che le circostanze del caso richiedano una nuova interpretazione o se c'è un cambiamento nei valori sociali o nelle norme giuridiche. Questo approccio rende il diritto dinamico e capace di evolversi nel tempo, ma allo stesso tempo introduce anche un elemento di incertezza che può confondere chi cerca certezze assolute.

Il lavoro dell'avvocato è fondamentale in questo schema complesso e articolato. L'avvocato ha il compito di presentare il caso del proprio cliente nella luce più favorevole, utilizzando tutte le risorse disponibili: la legge, i precedenti, la dottrina giuridica e l'argomentazione retorica. Il suo obiettivo è di convincere il giudice della validità delle proprie argomentazioni, interpretando la legge in modo tale da avvantaggiare il cliente e mettendo in evidenza le prove che possono influenzare il libero convincimento.

In un sistema basato sul libero convincimento, la capacità argomentativa dell'avvocato, che nel processo civili è quasi esclusivamente cartolare, diventa quindi di cruciale importanza. Un avvocato esperto sa come presentare il caso in modo convincente, anticipando le possibili obiezioni e costruendo una narrazione che possa persuadere il giudice. Questo rende il diritto non una semplice applicazione di regole, ma un vero e proprio duello dialettico tra le parti, dove la competenza e la strategia possono fare la differenza.

Quando si afferma che la "legge è uguale per tutti", si parla di un principio teorico di uguaglianza di fronte alla legge. Tuttavia, nella pratica, la interpretazione della legge può variare a seconda delle circostanze, delle prove e delle argomentazioni presentate, dell'avvocato, del giudice, del comportamento della parte. Questa variabilità non è necessariamente un difetto, ma una caratteristica essenziale del sistema giuridico che gli permette di adattarsi ai singoli casi e di considerare tutte le sfumature della realtà.

Se esistesse una giustizia perfettamente uguale per tutti, con regole rigide e immutabili, il sistema sarebbe incapace di adattarsi ai cambiamenti sociali, tecnologici e culturali. Sarebbe un sistema statico e ingiusto, incapace di rispondere alle esigenze individuali o alle evoluzioni della società. La flessibilità del libero convincimento e l'abilità degli avvocati di presentare i loro casi sono, quindi, ciò che permette alla giustizia di essere equilibrata e dinamica.

Semplificare il diritto e ridurre la complessità del processo giuridico può sembrare desiderabile, soprattutto per chi vorrebbe risposte immediate e chiare. Tuttavia, un approccio troppo semplificato rischia di ignorare le sfumature della realtà e di produrre aspettative irraggiungibili. La complessità del diritto è ciò che permette al sistema giuridico di essere sensibile alle particolarità dei singoli casi, evitando soluzioni approssimative e meccaniche.

Un sistema di giustizia che riduce tutto a regole rigide e inflessibili rischia di trattare situazioni diverse in modo uguale, trascurando le circostanze e le necessità individuali. Questo sarebbe il vero tradimento del principio di equità e giustizia, che dovrebbe invece garantire non solo l'uguaglianza formale, ma anche una giustizia sostanziale.

La giustizia è complessa e il libero convincimento del giudice, insieme al lavoro degli avvocati e all'interpretazione della legge, ne è una componente fondamentale. La legge esiste per stabilire le basi e i limiti del comportamento, ma è l'abilità dei giudici di interpretarla e degli avvocati di argomentarla che rende il sistema giuridico flessibile e adattabile. Cercare di semplificare questo processo significa perdere di vista la vera essenza della giustizia: la capacità di adattarsi, di considerare tutte le circostanze e di rispondere alle esigenze di una società in continua evoluzione.

La legge non è una formula matematica che produce sempre lo stesso risultato, ma uno strumento umano e complesso che richiede abilità, conoscenza e, soprattutto, la capacità di capire che il diritto non è mai semplice e definitivo. Questo gli avvocati lo sanno, ma i cittadini no, ed è per questo che bisognerebbe avere più sensibilità nell'opera di divulgazione.

Capitolo 9: Perché diversi avvocati offrono soluzioni diverse?

"Avvocato io ho mia nipote che ha studiato giurisprudenza che mi ha dato un'altra spiegazione"
Sembra che tutti i clienti abbiano un cugino, una nipote, un fratello o qualcuno che faccia l'avvocato a cui riportano le cose che gli dico, o a cui chiedono informazioni prima di venire e la domanda che sorge ai clienti, che vedo nascere nei loro occhi è *chi ha torto lui o l'altro?*

Quando si affronta una questione legale, è comune consultare più avvocati nella speranza di ottenere una soluzione chiara e definitiva. Tuttavia, può accadere di ricevere pareri contrastanti, lasciando molti clienti confusi e incertezze su quale sia la risposta giusta. Ma perché diversi avvocati forniscono soluzioni differenti? In questo capitolo, esploreremo le ragioni alla base di questa varietà di opinioni e come orientarsi in un panorama legale complesso.

Il diritto non è una disciplina rigida e univoca, come detto; al contrario, è caratterizzato da una notevole complessità e interpretabilità. Le leggi possono essere formulate in modi che lasciano ampio spazio a varie interpretazioni, e questo è particolarmente evidente in situazioni che coinvolgono fatti specifici e circostanze uniche. Ogni avvocato, in base alla propria formazione e alla propria esperienza, può leggere e interpretare le stesse norme giuridiche in modi diversi.

Ogni avvocato porta con sé un insieme unico di esperienze, competenze e stili di lavoro. Alcuni potrebbero avere un approccio più pragmatico, cercando soluzioni rapide, mentre altri potrebbero adottare un metodo più teorico e dettagliato. C'è chi da più peso al cliente come persona e chi da più peso al portafoglio del cliente. Questa varietà di approcci significa che due avvocati potrebbero arrivare a conclusioni diverse pur basandosi sulle stesse informazioni di partenza.

Ogni avvocato può avere una visione diversa dei rischi e dei benefici associati a determinate strategie legali. Ad esempio, mentre un avvocato potrebbe consigliare di procedere con un'azione legale, un altro potrebbe suggerire di risolvere la questione in modo extragiudiziale per evitare i rischi di una causa. Le differenze nella valutazione dei rischi possono portare a soluzioni contrastanti.

La legge non è una scienza esatta, non offre sempre certezze. Le decisioni dei giudici possono variare, e anche i precedenti giuridici non garantiscono un risultato uniforme. Pertanto, ciò che può sembrare una soluzione ovvia per un avvocato potrebbe non essere considerato tale da un altro. Questa incertezza è parte integrante della pratica legale e contribuisce alla diversità delle opinioni.

Le differenze nei consigli legali possono derivare anche dalla comunicazione. Se a ciascun avvocato sono stati forniti dettagli diversi, è possibile che le loro analisi si discostino. Per ottenere pareri comparabili, è cruciale fornire informazioni complete e coerenti a tutti gli avvocati consultati.

Quando ti trovi di fronte a più opinioni contrastanti, ecco alcuni suggerimenti per aiutarti a fare chiarezza:

1. Analizza la qualità delle spiegazioni: Un avvocato competente dovrebbe essere in grado di spiegare in modo chiaro e dettagliato le ragioni dietro le proprie raccomandazioni. La qualità e vastità della spiegazione può essere un indicatore della solidità del consiglio.

2. Chiedi una seconda opinione: Se hai ricevuto opinioni divergenti, considera la possibilità di chiedere a un altro avvocato di esaminare il caso. Avere un ulteriore punto di vista può aiutarti a fare un confronto più informato.

3. Valuta l'esperienza specifica: Alcuni avvocati potrebbero avere più esperienza in determinati settori del diritto. È utile consultare avvocati con competenze specifiche relative al tuo caso.

4. Cerca punti in comune: Anche quando le opinioni divergono, potrebbe esserci un punto in comune tra i vari avvocati. Comprendere quali aspetti sono condivisi può aiutarti a identificare le aree di maggiore accordo.

5. Considera la disponibilità a discutere: Un avvocato disposto a rispondere alle tue domande e a chiarire i propri ragionamenti è spesso un buon segno. La trasparenza e la comunicazione aperta sono indicatori di un professionista affidabile.

6. Valuta l'empatia. L'avvocato non è un mercenario cinico e spietato da pagare per svolgere il lavoro sporco è una persona che ci deve stare accanto e si deve accollare il peso delle nostre preoccupazioni, è una persona che deve ispirare fiducia e spesso l'empatia è il miglior modo per scegliere un avvocato.

La diversità di opinioni tra avvocati è un riflesso della complessità e della ricchezza del diritto. La legge non è un insieme di regole rigide, ma un sistema dinamico che richiede interpretazione e argomentazione. Quando ti confronti con più avvocati, ricorda che le loro differenze non sono necessariamente segno di confusione, ma piuttosto di un panorama legale variegato e articolato. In un sistema giuridico così complesso, è fondamentale avere a disposizione professionisti competenti e in grado di orientarti nel miglior modo possibile, fornendoti il supporto necessario per prendere decisioni informate e strategiche. Inoltre, deve essere il cliente, sulla base dei propri voleri e dei propri obiettivi, della capacità di sopportare lo stress e le lungaggini di un giudizio, delle spese di un giudizio a guidare l'avvocato verso la strada migliore. Non avere mai paura di esternare le tue preoccupazioni, lo studio dell'avvocato è un confessionale.

Capitolo 10: Quando il Cuore e la Legge Si Scontrano.

Uno degli aspetti più frustranti per chi si trova a dover affrontare una questione legale è scoprire che ciò che percepisce come giusto o equo non sempre coincide con ciò che la legge definisce come tale. Il nostro senso di giustizia è spesso influenzato dai nostri valori morali, dalle nostre esperienze personali, e dal desiderio di ottenere un risultato che ripari un torto subito. Tuttavia, la giustizia legale segue criteri e norme che non sempre rispondono ai sentimenti individuali, quasi mai.

Giustizia Morale vs. Giustizia Legale.

La giustizia morale è una concezione soggettiva e personale: si basa su ciò che un individuo o una comunità crede essere giusto o sbagliato. Questa forma di giustizia è influenzata dalla cultura, dalle credenze religiose, dai valori personali e da esperienze di vita, dalla personalità dell'individuo. Spesso, quando una persona si rivolge a un avvocato, porta con sé un senso di offesa o di ingiustizia personale che si aspetta venga riparato dal sistema legale secondo le sue aspettative.

Al contrario, la giustizia legale è un sistema oggettivo costruito su regole e principi stabiliti da una società attraverso le leggi. Le norme giuridiche sono scritte per essere applicate in modo uniforme e prevedibile, indipendentemente dalle emozioni o dai sentimenti individuali coinvolti. La legge deve cercare di mantenere una posizione di neutralità e di imparzialità, anche quando ciò significa prendere decisioni che possono sembrare fredde o insensibili rispetto al dolore di chi ha subito un torto. Il cinismo legale, per il quale avvocati e giudici sono disprezzati, è ciò che regge la società. È facile prendere per cinismo ciò che è logica.

Il Conflitto tra Percezione e Realtà.

Quando una persona si trova coinvolta in una disputa legale, si aspetta che il sistema riconosca immediatamente la sua versione della verità e agisca per restituirgli ciò che considera giusto. Tuttavia, la realtà legale spesso funziona in modo diverso. La legge ha delle regole precise per valutare le prove, delle procedure da seguire, e può riservarsi il diritto di interpretare i fatti secondo criteri che non sempre coincidono con il punto di vista del cliente. Una testimonianza sincera può per un minimo dettaglio essere delegittimata.

Questo conflitto tra il senso di giustizia personale e la realtà legale può essere devastante. Ad esempio, una persona potrebbe sentire che è "giusto" ottenere un risarcimento elevato per un danno subito, ma la legge potrebbe limitare tale risarcimento sulla base di criteri specifici come la proporzionalità del danno o la presenza di una colpa concorrente, l'età del danneggiato, la sua posizione sociale e calcoli matematici che nulla hanno a che fare con il dolore. La frustrazione aumenta quando il cliente percepisce che la legge sta proteggendo più l'interesse generale della società che la propria esigenza di riparazione individuale.

Mettiamo l'esempio di un bene da dividere, ci possono essere profondi sentimenti su quel bene, un legame affettivo decennale e si vorrebbe conservarlo, ma se non si trova un accordo con il comproprietario quel bene andrà comunque all'asta perché il diritto civile è orientato verso la certezza e una comproprietà senza accordo non si può mantenere e quindi si sacrifica non solo l'affetto, di cui alla legge non importa, ma anche se necessario il valore reale.

Il Ruolo dell'Avvocato come Mediatore di Realtà.

In questo contesto, l'avvocato assume un ruolo cruciale nel guidare il cliente attraverso la complessità del sistema legale, aiutandolo a capire non solo quali sono i suoi diritti, ma anche quali sono i limiti di ciò che è legalmente possibile ottenere. Il compito dell'avvocato non è semplicemente quello di sostenere il punto di vista del cliente senza riserve, ma di offrirgli una prospettiva realistica basata sulle regole del diritto, o su ciò che realmente si può ottenere e ciò che è irraggiungibile, sui sacrifici che necessariamente si dovranno tenere in considerazione.

Spesso, il primo passo è far comprendere al cliente che il sistema legale non è uno strumento di vendetta personale, ma un mezzo per raggiungere un equilibrio equo e imparziale tra le parti in causa. È qui che l'avvocato deve svolgere una delicata funzione di "educatore": spiegare al cliente che la legge non si basa su principi di giustizia intuitiva o morale, ma su norme tecniche che regolano la società in modo prevedibile. Ci sono avvocati che pur di accontentare il cliente, o per pigrizia, o per soldi, o per altri interessi sacrificano la realtà giuridica trascinando il cliente in azioni legali inconcludenti o suicide; ed è una delle ragioni per le quali si parla sempre più spesso di abuso del diritto e di azioni temerarie, le quali purtroppo non hanno trovato riscontro nella politica.

L'Importanza della Razionalità nell'Approccio Legale

L'avvocato ha il dovere di orientare il cliente verso un approccio razionale e strategico al problema, anche quando le emozioni prendono il sopravvento. È naturale che il cliente si senta ferito, arrabbiato o frustrato, ma è compito del legale fare un passo indietro e valutare la situazione con freddezza. Spesso l'avvocato deve smorzare le aspettative troppo elevate o indirizzare il cliente verso soluzioni alternative che possano risultare più vantaggiose a lungo termine.

Ad esempio, una transazione o un accordo extragiudiziale potrebbe sembrare al cliente un compromesso inaccettabile, ma l'avvocato deve illustrare come questa soluzione possa offrire benefici pratici rispetto a un lungo e costoso contenzioso. La razionalità legale non è una mancanza di empatia, ma un modo per proteggere il cliente da ulteriori delusioni e per massimizzare il risultato ottenibile all'interno dei vincoli del sistema. Un detto famosissimo dice: meglio un accordo ingiusto che una sentenza giusta.

Conclusione: Accettare i Limiti della Giustizia Legale

Alla fine, una delle lezioni più difficili da accettare per un cliente è che il sistema legale non è perfetto e non è sempre in grado di rendere giustizia nel senso più profondo e personale del termine, il che non è neppure il suo scopo. Ma comprendere questo concetto può essere liberatorio, perché permette di focalizzarsi su ciò che è possibile ottenere piuttosto che su ciò che si vorrebbe ottenere.

L'avvocato, in questo processo, diventa non solo un esperto di diritto, ma anche una guida che aiuta il cliente a muoversi tra le insidie del sistema legale, a gestire le proprie aspettative e a trovare una strada praticabile che possa portare al miglior risultato possibile. In questo modo, il compito dell'avvocato non è solo quello di difendere una causa, ma anche di accompagnare il cliente verso una comprensione più matura e realistica della giustizia.

Capitolo 11: La Lentezza della Giustizia e la Percezione del Tempo per il Cliente.

L'ennesimo aspetto frustrante per chi si trova coinvolto in una causa legale è la lentezza con cui il sistema giudiziario avanza. Il tempo sembra dilatarsi all'infinito, e ciò che un cliente spera si risolva in pochi mesi spesso finisce per protrarsi per anni. Questa sensazione di immobilità e impotenza è una delle principali cause di stress e frustrazione per chi si affida alla giustizia per risolvere i propri problemi. Ma cosa causa questa lentezza? E come si scontra con la percezione del cliente?

Le Carenze Strutturali del Sistema Giudiziario.

In Italia, uno dei problemi principali che rallentano il funzionamento della giustizia è la carenza di risorse. I tribunali sono sovraccarichi di cause, ma spesso hanno pochi giudici e personale amministrativo insufficiente per gestire la mole di lavoro. Le strutture stesse sono spesso obsolete, mal equipaggiate e inadeguate per affrontare le esigenze di un sistema giudiziario moderno. Il sistema informatico, che dovrebbe essere un alleato nel velocizzare i processi, è vecchio e mal funzionante, causando continui ritardi e inefficienze.

Questi problemi strutturali creano un circolo vizioso: la mancanza di risorse e personale porta a un accumulo di casi arretrati, che a loro volta aumentano la pressione sui giudici e sugli operatori del settore. Il risultato è un sistema giudiziario che fatica a stare al passo con le richieste dei cittadini, creando un senso di frustrazione e impotenza nei clienti che aspettano giustizia.

Le Complessità della Procedura Civile.

Oltre alle carenze strutturali, un altro fattore che contribuisce alla lentezza della giustizia è la complessità della procedura civile stessa. In un processo civile, ci sono numerosi passaggi e formalità che devono essere seguiti rigorosamente. Ogni causa attraversa diverse fasi, come la notifica degli atti, la raccolta delle prove, le udienze preliminari, la discussione del merito, e così via. Ogni fase richiede tempo, sia per essere preparata che per essere valutata da parte del giudice.

Le scadenze e i passaggi procedurali sono pensati per garantire che entrambe le parti abbiano il tempo di presentare le loro argomentazioni e prove in modo equo, ma questo significa anche che il processo avanza lentamente. Anche quando una parte è pronta a procedere velocemente, l'altra potrebbe richiedere più tempo, e la legge permette di rispettare queste tempistiche per tutelare il diritto alla difesa. Inoltre, eventuali errori procedurali possono allungare ulteriormente i tempi, poiché potrebbero portare a rinvii, richieste di integrazione o addirittura all'annullamento di determinate fasi del processo. Un rinvio potrebbe richiedere anche un anno.

La Percezione del Tempo per il Cliente.

Dal punto di vista del cliente, la lentezza del sistema è particolarmente esasperante. Quando si ha un problema legale, ci si aspetta che la giustizia arrivi in tempi rapidi, soprattutto se si percepisce un'ingiustizia subita. Il cliente vede il proprio caso come una priorità assoluta, e ogni ritardo è vissuto come una negazione della giustizia stessa. Questa aspettativa si scontra duramente con la realtà del sistema, che procede a un ritmo ben diverso.

Per il cliente, il tempo della giustizia sembra fermarsi, mentre la sua vita continua ad andare avanti. Ogni udienza rimandata, ogni documento che tarda ad arrivare, ogni richiesta di proroga rappresenta un altro colpo alla speranza di risolvere rapidamente il problema. Spesso i clienti hanno difficoltà a comprendere perché il processo non possa avanzare più velocemente, e questa incomprensione genera una crescente sensazione di insoddisfazione verso l'intero sistema. E la politica non aiuta in questo, invece di investire nel sistema e potenziarlo sempre più spesso si cercano modi per disincentivare la volontà delle persone nel fare causa. Prendiamo ad esempio le cause per malasanità, invece di intervenire nella prevenzione, quindi potenziare e migliorare il sistema sanitario quasi al collasso, si creano nuovi modi per complicare le cause legali, come se la colpa fosse dei cittadini o degli avvocati e non del sistema sanitario tra i peggiore d'Europa. Ma la causa scatenante la procedura civile resta immutata.

Il Ruolo dell'Avvocato nel Gestire le Aspettative.

In questo contesto, l'avvocato ha un compito fondamentale: quello di aiutare il cliente a comprendere la realtà della lentezza del sistema giudiziario e a gestire le proprie aspettative. È importante che l'avvocato spieghi fin dall'inizio che la giustizia è un processo che richiede tempo, non solo a causa delle inefficienze strutturali, ma anche per garantire il rispetto delle procedure legali che proteggono i diritti di tutte le parti coinvolte.

Un buon avvocato non deve solo illustrare i passaggi tecnici del processo, ma deve anche preparare il cliente ai possibili ritardi e rallentamenti. Spesso, spiegare al cliente che ogni fase del processo ha una sua ragione d'essere, e che la complessità delle procedure esiste per garantire la correttezza e la trasparenza, può ridurre la frustrazione e il senso di impazienza. Essere onesti e trasparenti sull'inevitabilità di certi ritardi può aiutare il cliente a mantenere una prospettiva realistica e a evitare delusioni.

Le Strategie per Ridurre la Lentezza: Possibilità e Limiti.

Nonostante le difficoltà, ci sono strategie che l'avvocato può adottare per cercare di accelerare il più possibile il processo, come proporre soluzioni extragiudiziali (mediazione o arbitrato) quando appropriate. Tuttavia, è anche importante che il cliente comprenda che, in molti casi, le variabili che rallentano la giustizia sono fuori dal controllo del singolo avvocato e dipendono dal sistema nel suo complesso.

Anche se la tecnologia e la digitalizzazione potrebbero teoricamente aiutare a velocizzare i procedimenti, i cambiamenti nel sistema giudiziario sono lenti e difficili da implementare. Le riforme sono necessarie, ma richiedono tempo per essere sviluppate e messe in pratica in modo efficace. Fino a quando queste non saranno completate, è cruciale che i clienti abbiano una visione chiara della realtà con cui devono confrontarsi.

Accettare la lentezza del sistema giudiziario è una delle sfide più dure per chi cerca giustizia. Tuttavia, comprendere che questa lentezza non è solo il risultato di inefficienze e dell'assenza totale della politica, ma anche di un sistema progettato per essere giusto e accurato, può aiutare a vedere la situazione con maggiore serenità. Il ruolo dell'avvocato è quello di guidare il cliente attraverso questa comprensione, offrendo non solo una difesa legale, ma anche un supporto emotivo e realistico che aiuti a tollerare i tempi lunghi e a mantenere la fiducia in un sistema che, pur con tutti i suoi limiti, mira a garantire la tutela dei diritti di tutti.

Capitolo 12: Il Linguaggio Legale - Tra Complessità Necessaria e Semplificazione Pericolosa.

Uno degli aspetti che spesso viene criticato da chi si confronta con il mondo del diritto è il linguaggio usato dagli avvocati e nei documenti legali. Termini come "legalese" o "linguaggio burocratico" sono spesso usati in modo dispregiativo, come se fossero strumenti creati appositamente per confondere e allontanare il pubblico non esperto, o truffare i clienti. Su internet, non è raro leggere critiche che accusano gli avvocati di parlare in modo complesso per arroganza, per creare una barriera tra sé e i loro clienti, o per giustificare parcelle elevate. Ma la realtà è molto più sfumata di quanto queste accuse lascino intendere.

Il Valore del Linguaggio Legale.

Il linguaggio legale è un linguaggio specialistico, sviluppato nel corso di secoli di evoluzione giuridica. Ogni parola, ogni espressione, ogni fraseologia ha un significato preciso e definito, progettato per evitare ambiguità e fraintendimenti. Il diritto è una scienza che si basa sulla precisione e sulla coerenza; il linguaggio legale non è un ostacolo alla comprensione, ma uno strumento per garantire che le leggi vengano interpretate e applicate in modo uniforme e prevedibile.

Le parole nel diritto non sono scelte casualmente, ma sono il risultato di un lungo processo di costruzione e raffinamento. Ogni termine ha un preciso valore tecnico che porta con sé significati e implicazioni che non possono essere sostituiti con sinonimi senza perdere parte del loro significato. La precisione di questo linguaggio è ciò che permette al diritto di funzionare in modo coerente e di adattarsi a casi sempre nuovi e complessi. È il linguaggio di una scienza evolutasi nei secoli.

Perché la Semplificazione Può Essere Pericolosa.

L'idea che il linguaggio legale possa essere semplificato in maniera radicale è, per certi versi, una visione ingenua e potenzialmente pericolosa. Semplificare il linguaggio legale senza la necessaria attenzione alla sua complessità può portare a gravi conseguenze, tra cui l'interpretazione errata di norme giuridiche o contratti, ambiguità che potrebbero essere sfruttate in contenziosi e un'applicazione incoerente della legge. Facciamo l'esempio del divorzio, la parola divorzio quasi non esiste nella legge italiana, c'è la separazione e poi c'è lo scioglimento del matrimonio, o nel caso di matrimonio religioso cessazione degli effetti civili del matrimonio, sono cose molto diverse.

Ad esempio, sostituire un termine tecnico con una parola comune potrebbe sembrare una buona idea per rendere un documento più accessibile, ma potrebbe perdere il suo significato giuridico preciso. Nel diritto, una parola non è mai semplicemente una parola; è un veicolo di significati, concetti e precedenti giuridici che ne determinano l'interpretazione in tribunale. Alterare questi termini rischia di creare più confusione e incertezza giuridica di quanta se ne possa risolvere.

Il Linguaggio Legale come Forma di Protezione.

Contrariamente a quanto si possa pensare, il linguaggio legale non è un modo per escludere o alienare, ma una forma di protezione per tutte le parti coinvolte. Gli avvocati utilizzano questo linguaggio per redigere contratti e atti giuridici in modo tale che non ci siano margini di ambiguità, proteggendo i loro clienti da interpretazioni abusive o manipolazioni da parte della controparte.

Immagina un contratto scritto in linguaggio comune, con termini vaghi e facilmente interpretabili in modi diversi: le probabilità di una disputa legale aumenterebbero esponenzialmente. Al contrario, il linguaggio tecnico del diritto è specificamente studiato per ridurre queste zone grigie, creando una struttura stabile e prevedibile che può essere utilizzata per risolvere controversie in modo equo e uniforme.

Il Ruolo dell'Avvocato: Interprete e Mediatore.

Il linguaggio legale è quindi una necessità, ma è altrettanto importante che l'avvocato svolga il ruolo di interprete tra il mondo complesso del diritto e il cliente, che potrebbe non avere familiarità con questi concetti. Un buon avvocato deve essere in grado di tradurre questi termini tecnici in parole semplici, spiegando il loro significato e le loro implicazioni senza sacrificare la precisione necessaria.

Questa capacità di mediare tra il linguaggio tecnico e il linguaggio comune è una delle competenze più importanti per un avvocato. Non si tratta di banalizzare o semplificare troppo i concetti, ma di fornire al cliente gli strumenti per comprendere la propria situazione legale nel modo più chiaro possibile. In questo senso, un avvocato efficace è colui che riesce a bilanciare la precisione tecnica con la chiarezza espositiva, mantenendo l'integrità della scienza giuridica senza lasciare il cliente disorientato.

Il Pregiudizio contro il Linguaggio Legale.

Molte delle critiche mosse contro il linguaggio legale derivano da un malinteso di fondo: l'idea che la legge dovrebbe essere semplice e immediatamente comprensibile a tutti. Tuttavia, come ogni disciplina specialistica, il diritto richiede un linguaggio tecnico per funzionare correttamente. Nessuno si aspetterebbe che la medicina o la fisica quantistica siano completamente accessibili senza una conoscenza di base della materia, e lo stesso vale per il diritto.

Il pregiudizio secondo cui gli avvocati usano un linguaggio complesso per arroganza o per auto-legittimarsi è una visione superficiale. La realtà è che, per garantire che la giustizia sia applicata in modo giusto e coerente, è necessario un linguaggio che sia preciso, rigoroso e privo di ambiguità. Rinunciare a questo linguaggio in nome della semplicità rischierebbe di compromettere la qualità e la certezza del diritto.

Il linguaggio legale non è un ostacolo da abbattere, ma un pilastro su cui si regge l'intero edificio della giustizia. Semplificare eccessivamente questo linguaggio significherebbe minare la precisione e la chiarezza su cui si basa il sistema giuridico, creando incertezze e possibilità di abuso. È compito dell'avvocato tradurre e spiegare i concetti complessi al cliente, non eliminarli o banalizzarli.

Nel diritto, le parole contano più di quanto si possa immaginare. Sono la chiave per interpretare leggi e norme, per negoziare contratti e risolvere dispute. Anche se il linguaggio legale può sembrare distante e complesso, è uno strumento indispensabile per garantire che la giustizia sia non solo un ideale astratto, ma una realtà tangibile e applicabile.

Capitolo 13: La Sfida Contro i Clienti che Si Improvvisano Esperti Legali.

Dottor internet. Nell'era digitale, la conoscenza è a portata di clic. Una rapida ricerca su Internet può fornire risposte, consigli e opinioni su qualsiasi argomento, compreso il diritto. Ma proprio come cercare i sintomi di una malattia online può portare a diagnosi errate e a paure infondate, così informarsi sul diritto attraverso il web può generare malintesi e aspettative distorte. Sempre più spesso, gli avvocati si trovano ad affrontare clienti che, forti di qualche articolo letto su Internet, si presentano in studio convinti di sapere esattamente quale sia la strategia legale da seguire.

L'Illusione della Conoscenza.

Uno dei problemi principali di questa situazione è quello che gli esperti chiamano "illusione della conoscenza": l'idea che, leggendo qualcosa online, una persona possa considerarsi esperta in un campo estremamente complesso come quello del diritto. Il cliente si presenta dallo studio legale con un linguaggio giuridico maldestramente acquisito e goffamente utilizzato e con una certezza granitica su quello che si dovrebbe fare, ignorando però che il diritto è una disciplina che non può essere ridotta a una serie di semplici regole trovate su un sito o su un forum.

Questa illusione è pericolosa non solo perché porta il cliente a sottovalutare la complessità della materia legale, ma anche perché spesso genera un senso di arroganza e convinzione nelle proprie idee. Il cliente arriva già con una "diagnosi" e una "cura" e si aspetta che l'avvocato esegua, come se fosse un mero esecutore delle sue indicazioni. Questo atteggiamento può creare tensioni e frustrazione, soprattutto quando l'avvocato si trova a dover correggere le informazioni errate e a reimpostare le aspettative del cliente. E provare a farlo senza farlo sentire un idiota non è sempre semplice.

L'Impatto sulle Aspettative del Cliente.

Una delle sfide più grandi che affronta l'avvocato in queste situazioni è la gestione delle aspettative del cliente. Quando una persona si informa su Internet, tende a concentrarsi su quello che conferma la propria visione del problema, ignorando i dettagli o i fattori che potrebbero complicare la situazione. Di conseguenza, le aspettative del cliente spesso cozzano duramente con la realtà legale che l'avvocato deve spiegare.

Ad esempio, una cliente potrebbe insistere sulla necessità di una collazione in una procedura di successione, senza capire che questo strumento è applicabile solo in presenza di un residuo da dividere. Dettaglio di non poco conto.

Oppure, un cliente potrebbe chiedere di avviare una causa per proprietà intellettuale, senza rendersi conto che in realtà si tratta di una semplice questione contrattuale e di calcolo economico.

Ancora, molto spesso i clienti nelle questioni per separazione in circostanze dove c'è stato un tradimento parlano di addebito, senza comprendere le difficoltà enormi che ci sono dietro e cioè, per esempio, dimostrare che il rapporto era ancora forte e stabile prima del tradimento e che è stato il tradimento l'unico fattore determinante la separazione. L'informazione trovata online viene applicata in modo meccanico, ignorando le specificità del caso concreto, e questo crea un divario tra ciò che il cliente si aspetta e ciò che la legge effettivamente permette.

Il problema di fondo è che il diritto non è una scienza esatta come la matematica, dove una formula si applica sempre allo stesso modo. Il diritto è una disciplina che si basa su molteplici fattori: interpretazioni giurisprudenziali, fattori soggettivi, contesti specifici e variazioni locali. Ciò che è valido per un caso potrebbe non esserlo per un altro, anche solo a causa di un dettaglio apparentemente insignificante. Internet, pur essendo una risorsa straordinaria, non può catturare questa complessità.

Gli articoli o le informazioni giuridiche disponibili online sono spesso generiche, pensate per un pubblico ampio e non specializzato, e non tengono conto delle specificità di un singolo caso. Un avvocato, invece, analizza ogni dettaglio della situazione, valuta le sfumature e utilizza le sue competenze per costruire una strategia che tenga conto di tutti questi elementi. Ridurre tutto questo processo a una semplice ricerca su Google significa sminuire la complessità e l'importanza della professione legale.

In queste circostanze, l'avvocato si trova a dover svolgere un compito delicato: deve riportare il cliente alla realtà senza farlo sentire sminuito o ignorato o stupido. È importante spiegare in modo chiaro e dettagliato perché la strategia proposta dal cliente non è applicabile o corretta, e far capire che le informazioni trovate su Internet sono spesso incomplete o fuori contesto.

Il ruolo dell'avvocato diventa allora quello di educare e guidare il cliente attraverso un percorso che si basa su conoscenze giuridiche solide e su un'analisi approfondita del caso specifico.

Questo richiede pazienza, comunicazione efficace e una certa sensibilità per evitare che il cliente si senta escluso o trattato con sufficienza.

Educare alla Complessità e Non Semplificare Troppo.
Un altro aspetto cruciale è educare il cliente a comprendere la complessità del diritto e ad apprezzare il valore della consulenza legale professionale. L'avvocato deve far capire che il diritto non è fatto di formule fisse, ma di interpretazioni e sfumature. Ogni dettaglio può fare la differenza, e ogni caso è unico e richiede una strategia personalizzata.

L'approccio giusto non è quello di sminuire le informazioni trovate su Internet, ma di contestualizzarle, spiegando che le situazioni giuridiche sono troppo variegate per essere risolte con una semplice ricerca online. Un avvocato professionista porta con sé anni di studio, esperienza pratica e la capacità di anticipare le conseguenze legali di ogni scelta strategica. È questa competenza che fa la differenza tra una visione superficiale e una consulenza approfondita e mirata.

Internet è una straordinaria fonte di informazioni, ma quando si tratta di questioni legali, può diventare una lama a doppio taglio. Ciò che legge un avvocato, che padroneggia il linguaggio giuridico, può significare una cosa, ciò che legge una persona può significare altro. Affidarsi troppo alle informazioni trovate online rischia di creare false sicurezze e di compromettere il risultato di una causa legale. Gli avvocati non sono semplici esecutori, ma consulenti esperti che devono interpretare la legge nel contesto specifico del caso del cliente.

Riconoscere il valore della consulenza legale professionale significa rispettare il diritto come una disciplina complessa e dinamica, che non si presta a semplificazioni eccessive. In un mondo in cui la conoscenza sembra essere sempre a portata di mano, è fondamentale ricordare che la vera competenza non si acquisisce con una ricerca su Google, ma con anni di studio, pratica e dedizione.

Capitolo 14: La Realtà Dietro le Quinte: Il Lavoro Invisibile dell'Avvocato.

Essere un avvocato è spesso percepito dall'esterno come una professione affascinante e dinamica: discorsi appassionati in aula, arringhe convincenti davanti a un giudice, e vittorie spettacolari. Tuttavia, la realtà dietro le quinte è molto più complessa e, spesso, meno romantica. La vera essenza del lavoro di un avvocato non si vede sui social media o nei racconti di qualche film o serie TV; è fatta di ore di studio, preparazione, ricerca e una capacità costante di adattamento alle sfide più diverse, nonché ai cambiamenti più epocali.

Casi Complessi e Ricerca Incessante

Ogni caso che arriva sulla scrivania di un avvocato è un mondo a sé. La legge può fornire un quadro di riferimento, ma nessuna norma è mai sufficiente per descrivere tutte le sfumature della vita reale. Le leggi sono scritte per dare delle linee guida, ma i fatti delle persone, le loro storie e le dinamiche uniche di ogni situazione vanno ben oltre ciò che un articolo di legge può prevedere.

Ogni questione legale richiede un'analisi approfondita e una strategia ad hoc. Questo significa che l'avvocato deve:

Studiare i dettagli del caso: Ogni fatto, ogni parola, ogni documento può fare la differenza. L'avvocato deve capire la storia completa del cliente, anche quando i fatti sono complessi, ambigui o, peggio, sfavorevoli.

Fare ricerca giuridica: La giurisprudenza è in costante evoluzione, e spesso le soluzioni non si trovano nel codice, ma nelle sentenze di casi precedenti. Ricercare precedenti rilevanti, interpretare le norme più recenti e adattarle al proprio caso richiede un impegno costante.

Aggiornamento continuo: Le leggi cambiano, i regolamenti si aggiornano, nuove interpretazioni vengono emesse dai tribunali. L'avvocato deve restare sempre aggiornato, frequentando corsi, leggendo articoli, seguendo l'evoluzione giuridica. È un processo che non finisce mai.

La Preparazione dei Documenti Legali: L'Arte di Essere Precisi

Molti pensano che i documenti legali siano semplicemente delle formalità. In realtà, la redazione di un atto legale è uno degli aspetti più delicati e importanti del lavoro di un avvocato.

Ogni parola deve essere scelta con attenzione, poiché un piccolo errore può avere conseguenze enormi.

Chiarezza e precisione: Un atto mal scritto può essere contestato, frainteso o addirittura annullato. L'avvocato deve quindi essere estremamente preciso, non solo nel rispetto delle norme procedurali, ma anche nella scelta dei termini giuridici appropriati.

Personalizzazione dei documenti: Non esiste un "modulo standard" che vada bene per tutti. Anche nei casi più semplici, ogni documento deve essere adattato alla situazione specifica del cliente. Ogni contratto, atto di causa, memoria difensiva deve essere su misura.

Revisione e attenzione ai dettagli: Gli atti legali spesso richiedono molte ore di revisione e riscrittura, per evitare errori che possano compromettere l'intero caso. Un documento ben preparato è fondamentale per presentare al giudice una visione chiara e convincente del proprio argomento.

Come diceva un vecchio avvocato al proprio praticante: "devi leggere anche la minima virgola di ogni carta."

La Strategia: Più di una Semplice Difesa.

Dietro ogni causa c'è una strategia legale accuratamente elaborata. L'avvocato non si limita a "difendere" il proprio cliente, ma deve spesso anticipare le mosse della controparte, prevedere le reazioni del giudice e adattare la propria linea difensiva a seconda degli sviluppi del caso.

Previsione e preparazione: Ogni causa è come una partita a scacchi, dove ogni mossa deve essere attentamente pianificata. L'avvocato deve valutare con precisione tutte le possibili risposte della controparte e avere sempre una soluzione pronta. Questo richiede non solo una conoscenza approfondita della legge, ma anche una buona dose di intuizione e intelligenza tattica. Ovviamente, ci si aspetta sempre un'abile mossa della controparte, o una omissione del proprio cliente, gli avvocati sanno benissimo che non possono fidarsi dei propri clienti, un documento dimenticato, una conversazione presa alla leggera, tutto può far naufragare anche il miglior caso e la migliore preparazione.

Negoziazione e mediazione: In molti casi, l'obiettivo non è tanto vincere in tribunale quanto evitare il conflitto stesso. Gran parte del lavoro di un avvocato si svolge dietro le quinte, negoziando con la controparte per arrivare a un accordo vantaggioso per il cliente. Questo richiede capacità di negoziazione e diplomazia, oltre a una profonda comprensione delle dinamiche umane.

Adattamento alle sorprese: Nessun caso va esattamente come previsto. Spesso emergono fatti nuovi, prove inaspettate, o cambiamenti nella posizione della controparte. L'avvocato deve essere sempre pronto a rivedere la propria strategia, adattandosi rapidamente a queste nuove circostanze.

L'Importanza del Contesto: La Vita Reale non è Codificabile.

Una delle sfide più grandi per un avvocato è far comprendere ai propri clienti che la legge non ha sempre tutte le risposte. Le leggi e le sentenze forniscono solo un quadro di riferimento, e ogni caso richiede una lettura critica e una capacità di adattamento alla realtà concreta delle persone coinvolte.

Le leggi non sono universali: Spesso i clienti cercano soluzioni semplici a problemi complessi, sperando che la legge possa dare una risposta chiara e immediata. Ma ogni caso è unico. Anche se la legge prevede una certa regola generale, le circostanze personali possono influire sull'applicazione concreta di quella norma.

Le dinamiche umane: Non si può ignorare il fattore umano. Spesso, una soluzione puramente legale non è sufficiente per risolvere un conflitto. Le emozioni, i rapporti personali e la storia di vita dei soggetti coinvolti giocano un ruolo determinante nell'esito del caso. L'avvocato deve tener conto di questi fattori e integrare la propria strategia legale con una comprensione empatica della situazione.

Il Lato Invisibile del Lavoro.

Gran parte del lavoro di un avvocato non si vede. Per ogni ora trascorsa in tribunale, ci sono decine di ore passate in studio, tra libri di legge, sentenze, documenti ricerche on line, archivi e confronti con colleghi. Ogni atto legale, ogni decisione strategica è il risultato di una preparazione accurata, che richiede un impegno costante e un'attenzione ai dettagli che spesso passa inosservata.

Lavoro solitario e silenzioso: Contrariamente all'immagine pubblica, la maggior parte del tempo di un avvocato è dedicato a un lavoro solitario: leggere, scrivere, analizzare. Non ci sono telecamere, non ci sono applausi, ma solo concentrazione e dedizione.

Il peso della responsabilità: Ogni decisione presa ha delle conseguenze dirette sulla vita dei clienti. Questa responsabilità è spesso sottovalutata, ma rappresenta uno degli aspetti più gravosi del lavoro di un avvocato. Ogni errore può costare caro, sia economicamente che personalmente.

Dietro l'immagine pubblica dell'avvocato c'è un lavoro complesso, fatto di studio, analisi, strategia e solitudine. Ogni caso è una nuova sfida, che richiede competenza, attenzione ai dettagli e capacità di adattamento. Il diritto non è una scienza esatta: non sempre esiste una risposta chiara e univoca, e la vita reale raramente può essere racchiusa interamente nelle maglie della legge. Per questo, il lavoro dell'avvocato è fondamentale: non solo interpreta le norme, ma cerca di trovare soluzioni pratiche ai problemi concreti delle persone.

Capitolo 15: La Consulenza Legale Personalizzata.

Viviamo in un'epoca di risposte rapide e soluzioni immediate. È naturale che, nel mondo dei social media, molti si rivolgano a brevi video o a post online per cercare informazioni legali. Dopotutto, è facile farsi attirare da un "consiglio legale" racchiuso in un reel di 60 secondi o in un articolo che promette risposte semplici a problemi complessi. Tuttavia, quando si parla di diritto, le scorciatoie non esistono.

La consulenza legale personalizzata non è solo utile, ma essenziale, perché il diritto non funziona con soluzioni "standard". Ogni situazione è unica, e ridurre la complessità di una vicenda giuridica a un video breve rischia di portare a gravi errori e fraintendimenti. Vediamo perché.

Ogni Caso è Unico, frase ripetuta e che va ripetuta.

Uno degli aspetti fondamentali del diritto è che ogni caso ha delle particolarità che lo rendono diverso da tutti gli altri. Anche quando la questione sembra semplice in apparenza, le variabili possono essere innumerevoli:

Le circostanze personali: La vita di una persona, le sue relazioni, il suo patrimonio, le sue esigenze specifiche influiscono profondamente su come la legge può essere applicata al suo caso.

La complessità delle norme: Le leggi spesso non sono scritte in maniera tale da fornire una risposta diretta e univoca. Possono esserci interpretazioni diverse, norme in contrasto tra loro o sentenze che fanno giurisprudenza su casi simili ma non identici. Per questo è fondamentale analizzare ogni dettaglio e interpretare le norme alla luce della situazione concreta.

Il contesto giuridico: Anche se la legge appare chiara, ci sono tanti altri fattori da considerare: precedenti giurisprudenziali, regolamenti specifici, differenze regionali o settoriali, e via dicendo. Un avvocato valuta tutti questi elementi e li applica al caso specifico.

La Fallacia del "Consiglio Rapido".

Un errore comune è credere che un consiglio generico trovato online possa risolvere un problema legale personale. I video brevi e le informazioni trovate sui social sono spesso benintenzionati, ma riducono la complessità della materia giuridica a slogan facilmente comprensibili.

Il diritto, però, è tutt'altro che semplice, e questa eccessiva semplificazione può creare false aspettative o, peggio, indurre a errori.

Mancanza di personalizzazione: Un video da 60 secondi non può tener conto delle circostanze individuali. Una consulenza legale deve considerare i dettagli specifici, che spesso emergono solo dopo una conversazione approfondita con il cliente.

Rischio di errore: La semplificazione eccessiva di concetti giuridici complessi può portare a decisioni sbagliate. Seguire un consiglio generico senza capire le reali implicazioni può avere conseguenze legali, economiche e personali molto gravi.

Fraintendimenti: I termini giuridici possono sembrare semplici in superficie, ma spesso nascondono sfumature complesse. Capire la differenza tra "affidamento" e "responsabilità genitoriale", o tra "separazione consensuale" e "giudiziale", è cruciale per non fare errori di valutazione.

Il Processo di Consulenza: Oltre la Semplice Risposta

Quando un cliente si rivolge a un avvocato, la consulenza legale non si esaurisce nel dare una risposta immediata. È un processo articolato che richiede una serie di passi che nessun video può sostituire.

1. **Ascolto e analisi dei fatti**: L'avvocato dedica il tempo necessario ad ascoltare il cliente. Ogni dettaglio può fare la differenza. Spesso, i clienti non si rendono conto di quanto un'informazione apparentemente irrilevante possa essere cruciale per la strategia legale.

2. **Valutazione giuridica**: Una volta raccolti i fatti, l'avvocato procede a una valutazione giuridica. Questo passaggio richiede la consultazione di leggi, sentenze e dottrina giuridica. Non è una semplice applicazione di norme, ma un'interpretazione che varia a seconda del contesto.

3. **Individuazione delle opzioni**: Dopo l'analisi, l'avvocato presenta al cliente le varie opzioni disponibili. Spesso non esiste una sola via d'uscita, ma diverse strategie legali possibili, ciascuna con pro e contro. Il cliente viene così guidato verso la scelta più adeguata alle sue esigenze.

4. **Personalizzazione della soluzione**: Una volta stabilita la strategia, l'avvocato personalizza ogni passo, redigendo atti legali su misura e preparandosi a eventuali negoziazioni o udienze, adattando continuamente la propria linea difensiva in base agli sviluppi.

L'Illusione del "Fai da Te".

Un altro fenomeno che emerge in parallelo alla diffusione di video legali brevi è quello del **fai da te legale**. Molti pensano che, seguendo consigli generici online, possano gestire autonomamente le proprie questioni legali. Tuttavia, questa strategia spesso si rivela un boomerang.

Modelli predefiniti: Scaricare un contratto standard da internet può sembrare una soluzione rapida e gratuita. Ma ogni contratto ha bisogno di essere adattato alla situazione specifica, tenendo conto delle normative e degli interessi in gioco. Un modello predefinito può lasciare scoperte aree critiche e portare a controversie costose e complicate.

Errori procedurali: La legge italiana, come molte altre, è piena di formalità. Anche un piccolo errore procedurale può compromettere una causa o far perdere un diritto. La consulenza legale serve proprio a evitare questi scivoloni, che possono rivelarsi fatali.

Costi nascosti: Molti scelgono di non rivolgersi a un avvocato per risparmiare sui costi della consulenza. Tuttavia, non considerano che un errore fatto autonomamente può portare a spese molto più alte in futuro, tra cause legali, risarcimenti e contenziosi prolungati.

L'Esperienza dell'Avvocato: Un Valore Inestimabile

Un aspetto spesso sottovalutato dai clienti è l'importanza dell'esperienza professionale dell'avvocato. Ogni consulenza è il frutto non solo della conoscenza delle leggi, ma anche dell'esperienza maturata sul campo.

Esperienza pratica: Un avvocato che ha lavorato per anni su una specifica area del diritto ha affrontato decine, se non centinaia, di casi simili al tuo. Questo gli permette di vedere subito i punti critici e di anticipare i possibili sviluppi.

Capacità di negoziazione: In molti casi, la soluzione migliore non è in tribunale, ma fuori, attraverso una buona negoziazione. Gli avvocati esperti sanno come trattare con le controparti, come mediare e trovare accordi vantaggiosi per il cliente.

Gestione delle emozioni: Le questioni legali, soprattutto in ambito familiare o successorio, sono spesso cariche di tensioni emotive. Un avvocato non è solo un tecnico del diritto, ma anche un mediatore che aiuta a gestire le emozioni e a mantenere la lucidità in situazioni di conflitto.

Affidarsi a un video di 60 secondi o a un consiglio trovato online può sembrare la via più facile e veloce, ma la consulenza legale personalizzata è insostituibile. Ogni caso ha delle peculiarità che solo un avvocato esperto può valutare correttamente. Le leggi sono complesse, e applicarle alla realtà richiede tempo, competenza e attenzione ai dettagli.

Il diritto è fatto di sfumature, e solo attraverso una consulenza approfondita è possibile ottenere la soluzione più adeguata alle proprie esigenze. L'idea che una soluzione standard possa funzionare per tutti è un'illusione che può costare molto caro. Rivolgersi a un professionista significa proteggere i propri interessi e ottenere una risposta su misura per le proprie esigenze.

Capitolo 16: Come Navigare nell'Era delle Informazioni Digitali.

Viviamo in un'epoca in cui ogni informazione è a portata di mano. Internet ha democratizzato l'accesso al sapere, e oggi chiunque può cercare informazioni legali, leggere articoli, guardare video o ascoltare podcast per ottenere consigli su questioni complesse. Tuttavia, con questa facilità di accesso arriva anche un grande pericolo: non tutte le informazioni disponibili online sono accurate, aggiornate o adatte alla propria situazione personale.

Il diritto è un campo intrinsecamente complesso, e l'era digitale ha portato a una crescente diffusione di contenuti semplificati, che spesso distorcono la realtà o inducono in errore chi non ha una formazione giuridica. In questo capitolo, vedremo come navigare nel mare di informazioni online, distinguendo tra contenuti di valore e quelli fuorvianti, e comprendendo quando è il momento di rivolgersi a un avvocato.

La Seduzione della Semplicità.

È naturale voler risolvere un problema nel modo più semplice e veloce possibile. I contenuti legali online spesso sfruttano questa tendenza, offrendo soluzioni facili e immediate a questioni complesse. Sfortunatamente, nel diritto le risposte non sono mai così lineari.

Partiamo dal presupposto che la stragrande maggioranza di contenuti sono pubblicitari, sono fatti per aumentare la visibilità, per far conoscere il proprio nome, raramente per questioni economiche, difficilmente qualcosa è realmente mera divulgazione.

Video di 60 secondi: I reel e i video brevi sui social media tendono a ridurre i concetti giuridici a spiegazioni semplicistiche, che possono essere accattivanti ma estremamente pericolose. In 60 secondi, è impossibile approfondire i dettagli e le eccezioni di una materia giuridica complessa.

Articoli generici: Molti siti web offrono articoli legali che danno l'impressione di spiegare le normative in modo esaustivo, ma in realtà non prendono in considerazione le numerose variabili che un caso può presentare. Un consiglio che sembra appropriato a prima vista potrebbe essere totalmente fuori luogo per la tua specifica situazione.

Modelli standard: Il "fai da te" legale, che include modelli di contratti scaricabili online o formulari precompilati, potrebbe sembrare una soluzione economica e veloce. Tuttavia, questi strumenti non tengono conto delle peculiarità dei singoli casi, e possono portare a problemi legali molto più costosi da risolvere.

Come Riconoscere le Informazioni Affidabili.
Non tutte le informazioni online sono inaccurate o fuorvianti. Esistono fonti affidabili e contenuti utili, ma la sfida è sapere come valutare ciò che si trova. Ecco alcune linee guida per distinguere tra informazioni di valore e quelle meno affidabili:

1. **Verifica delle fonti**: Controlla chi è l'autore del contenuto. Gli articoli scritti da avvocati, professionisti del settore o testate giornalistiche autorevoli tendono a essere più affidabili rispetto a post sui social di influencer o non specialisti. Controlla se l'autore ha delle credenziali giuridiche comprovate, come una laurea in giurisprudenza o esperienza pratica.

2. **Aggiornamento delle informazioni**: Le leggi cambiano. È fondamentale controllare quando un articolo o un video è stato pubblicato. Informazioni legali datate possono essere non più valide o superate da nuove normative o sentenze. Siti web e blog giuridici aggiornati con regolarità sono generalmente più affidabili.

3. **Dettagli e profondità**: Diffida delle spiegazioni eccessivamente semplicistiche. I contenuti che riconoscono la complessità della materia e offrono un'analisi approfondita sono più affidabili rispetto a quelli che offrono soluzioni veloci e definitive. Il diritto è pieno di sfumature, e un buon contenuto lo riconosce.

4. **Riferimenti legali e giurisprudenziali**: I contenuti di qualità spesso includono riferimenti a norme precise, sentenze o casi concreti. Un articolo che cita articoli del codice o giurisprudenza recente è molto più affidabile di uno che si limita a dare consigli generici senza alcun supporto legale.

5. **Fonti istituzionali e accreditate**: Per informazioni affidabili, fai riferimento a siti istituzionali come quelli del Ministero della Giustizia, dell'Agenzia delle Entrate o di ordini professionali. Anche i siti di università, scuole di specializzazione e associazioni di categoria possono offrire contenuti validi e precisi.

La Trappola dei Consigli Generici.

Il problema dei contenuti online è che spesso forniscono consigli generici applicabili solo in teoria, senza tener conto della variabilità dei casi concreti. Molti utenti tendono a sottovalutare la personalizzazione necessaria quando si applica il diritto a una situazione specifica.

Un esempio classico è quello delle questioni familiari. Spesso si trovano online consigli che semplificano concetti complessi come l'affidamento dei figli o la divisione dei beni in caso di separazione. Ma le leggi che regolano questi aspetti variano a seconda del contesto familiare, economico e personale, e ogni situazione richiede una valutazione individuale.

Le leggi non sono uguali per tutti: Anche se due casi possono sembrare simili, ci sono spesso differenze che possono portare a esiti completamente diversi. Ad esempio, una consulenza legale sul diritto ereditario deve tener conto di aspetti personali come testamenti, donazioni precedenti, rapporti tra eredi, che non possono essere previsti da un semplice articolo online.
Interpretazione delle norme: Anche quando una legge sembra chiara, la sua applicazione può essere soggetta a interpretazioni giurisprudenziali. Solo un avvocato può valutare correttamente come una determinata norma verrà applicata al tuo caso specifico.

La quantità di informazioni disponibili online non sostituisce l'importanza di una consulenza professionale. Anzi, proprio per evitare errori dovuti a informazioni incomplete o errate, è importante sapere **quando** rivolgersi a un avvocato:
Se il problema è complesso: Non tutte le questioni legali sono risolvibili con una ricerca su Google. Se hai a che fare con una causa in tribunale, una controversia familiare o una questione successoria, è fondamentale chiedere il parere di un esperto.
Quando ci sono delle scadenze legali: Molti problemi legali hanno dei termini di prescrizione o scadenze precise entro cui devono essere risolti. Un avvocato può aiutarti a rispettare questi termini ed evitare di perdere diritti importanti.
Se non sei sicuro di aver capito: Anche se hai letto diverse fonti online, se hai ancora dubbi o non sei sicuro di come procedere, è il momento di chiedere una consulenza. Un errore nella comprensione di una norma può costarti molto caro in termini di tempo e denaro.

Quando la posta in gioco è alta: Se la tua situazione riguarda beni patrimoniali significativi, la custodia dei figli o la tua reputazione, non affidarti a informazioni approssimative. Un avvocato può offrirti la sicurezza di un consiglio professionale, adattato alle tue esigenze.

Infine, per navigare con consapevolezza nel mare di informazioni digitali, è utile sviluppare una mentalità critica e usare gli strumenti giusti:

Cross-referencing: Confronta sempre più fonti per verificare la coerenza delle informazioni trovate. Se trovi opinioni contrastanti, è un segnale che la questione potrebbe essere più complessa del previsto.

Chiedi sempre chiarimenti: Se qualcosa non ti è chiaro, non aver paura di chiedere. Scrivere a un avvocato o a un professionista per chiedere chiarimenti è sempre meglio che agire senza una comprensione completa.

Evita il fai da te.

Navigare nell'era delle informazioni digitali è una sfida, soprattutto quando si tratta di diritto. Le informazioni online possono essere utili per ottenere un'idea generale di un problema, ma è fondamentale riconoscere i limiti di queste fonti. Le questioni legali richiedono una valutazione approfondita e personalizzata, che solo un avvocato esperto può fornire.

Ricorda: il diritto è complesso, e la tua situazione è unica. Fidarsi di consigli generici può portare a errori costosi e difficili da correggere. Quando il gioco si fa serio, la consulenza legale professionale non ha sostituti.

Copyright © 2024 Leandro Grasso
Tutti i diritti riservati.

www.ingramcontent.com/pod-product-compliance
Lightning Source LLC
Chambersburg PA
CBHW070416230526
45471CB00006B/2830